Kirsten Armbruster

# Starke Mütter verändern die Welt

Kirsten Armbruster

# Starke Mütter *verändern* die Welt

## Was schiefläuft und wie wir Gutes Leben für alle erreichen

Christel
Göttert
Verlag

1. Auflage 2007

Lektorat: Bettina Bremer, Rüsselsheim
Titel: Christine Traiser, Darmstadt
Satz: Kerstin Weber, Nauheim
Grafiken: Franz Armbruster

www.christel-goettert-verlag.de

ISBN 978-3-922499-97-8

für meine Kinder
Ramon Tassilo · Tara Olivia · Fiona Jemima · Saphira Yolanda

Starke Mütter verändern die Welt, indem sie sich an ihre weise Vergangenheit als Spinnerin wieder erinnern. Sie spinnen das Netz der Geschichte neu und sie verknüpfen Dinge wieder miteinander, die in unserer Gesellschaft scheinbar unabhängig voneinander existieren, wie Spiritualität, Familien, Politik, Militarismus und Wirtschaft. Indem Mütter anfangen, verrückt zu denken, im Sinne von etwas *ver*-rücken, können sie die Dinge wieder an ihren rechten Platz rücken. Wenn sie dann fortfahren das *Ver*-rückte zu formulieren, wird es sich irgendwann *ma*-terialisieren, es wird Realität.

# Inhaltsverzeichnis

# Prolog

In einem roten Spiegel stand geschrieben:

*Patriarchat gescheitert*

*Da die rein ökonomisch, machtorientiert und mortal ausgerichtete Gesellschaftsform des Patriarchats sich in den letzten fünf Jahrtausenden immer mehr als unfähig erwiesen hat, Leben auf der Erde zu bewahren, war das Ende des auf Herrschaft basierenden Patriarchats besiegelt. Die EU wurde unter das Recht der Göttin gestellt, die Maat, als rechte Weltordnung, wurde als Maß aller Dinge eingesetzt und die Sophia, die Göttin der Weisheit, wieder inthronisiert. Der männliche Aspekt des Gottes wurde wiederum in liebender, erotisierender, beratender und ergänzender Funktion der Göttin zur Seite gestellt.*

*Die sakrale mittige Leitungsfunktion obliegt nun 13 Alten Weisen Frauen, die ihr Tun und Lassen vor der Göttin und ihrem beratenden männlichen Gott sowie vor der Maat und der Sophia verantworten müssen. Die Weisen Frauen haben für die einzelnen Regionen Männer in Knotenfunktionen eingesetzt, die nach Art der indianischen Häuptlinge der Weisheit verpflichtet sind und unter dem Paradigma des Lebendigkeitsschutzes ihre lokalen Bereiche führen. Die 13 Weisen Alten Frauen und die Häuptlinge wurden vom Volk vorgeschlagen. Dabei wurden diejenigen ausgewählt, die sich am meisten um das Gemeinwohl verdient gemacht haben.*

*Durch die verkürzten politischen Wege konnten innerhalb von kürzester Zeit ökonomische, ökologische und soziale Reformen durchgeführt werden, die das Leben auf der Erde wesentlich lebenswerter machen. Die gesamte beseelte Natur beginnt aufzuatmen, und damit die Frauen, Männer, Kinder, Tiere, Pflanzen und Steine dieses Planeten. Aufgrund des innerhalb kürzester Zeit erzielten Erfolges, haben andere Teile der Welt großes Interesse bekundet, diese Reformen in ihren Ländern und Erdteilen ebenfalls umzusetzen. Dank der fortgeschrittenen Globalisierung, die eine schnellstmögliche Raum-/Zeitüberbrückung ermöglicht, ist damit zu rechnen, dass die Erde noch zu retten ist. Allerdings ist es wirklich kurz vor zwölf.*

*Zu verdanken haben wir diese bahnbrechenden friedlichen Umwälzungen den Müttern. Denjenigen Müttern, die nicht mehr mit ansehen wollten, wie die Zukunft dieses Planeten und damit die Zukunft ihrer Kinder immer mehr aufs Spiel gesetzt wurde – und so haben diese Frauen dem auf Ausbeutung basierenden System mit großer Eigenmächtigkeit kurzerhand ein Ende gesetzt.*

# Analyse des Patriarchats

Ganz so weit, wie in meiner Vision im »roten Spiegel«, sind wir noch nicht, aber was noch nicht ist, kann ja noch werden, und bei der Zerstörung dieses Planeten, bei der Zerstörung von Mutter Erde, diesem lebendigen pulsierenden Organismus, sind wir ja schon ganz schön weit gekommen. Aber nun schüttelt sie uns, unsere Mutter, von der alles Leben abhängt, sie schüttelt uns, so wie eine Löwenmama ihr Junges schüttelt, das zu weit gegangen ist. Gaia schickt uns Zornesbeben, die ihresgleichen suchen, ergießt ihre Wasser über das Land, so dass alles Leben in den Fluten versinkt, verkehrt alles von unten nach oben, verrückt die Pole – aber wir brauchen uns ja immer noch keine Gedanken zu machen. Die neuen Frühwarnsysteme werden installiert und schon hat Mann alles wieder im Griff. Und es macht ja auch wirklich nichts, wir brauchen nicht zu hören, was unsere Mama uns zu sagen hat, bis jetzt ist immer noch alles gut gegangen und jeder weiß doch, dass man nicht hören muss, was eine Mama sagt. Schon die kleinen Kinder wissen heute, dass es nicht wichtig ist, was Mama zu sagen hat, erst wenn Papa etwas sagt, wird es ernst.

Eine Analyse des Patriarchats – wer hier jetzt eine sachliche, möglichst wissenschaftlich fundierte Analyse erwartet, der sollte dieses Buch am besten gleich wieder zur Seite legen. Sachlich soll sie nicht sein, wissenschaftlich, auf den Logos reduziert, erst recht nicht. Ganz im Gegenteil. Emotional soll es hergehen, polemisch soll es sein, die wilden noch nicht zugeschütteten Instinkte soll es aufwecken, die Intuitionen freisetzen, die Erinnerungen wachrütteln und – ihre Wirkungsweise soll magisch sein. Ein Netz von alten Wahrheiten und Weisheiten soll gesponnen werden, in dem sich eine, wenn sie nicht aufpasst, leicht verlieren kann, auf ihrem linearen Weg des Anstiegs auf die Herrschaftspyramide, auf der das patriarchale System ja beruht – allerdings mit unsichtbarem

Panzerglas in den oberen Rängen für XX-Chromosomen, aber darüber redet Mann ja nicht. Erst von dort oben hat man die rechte Übersicht über das System, in dem es nur um Macht geht, Herrschaftsmacht und natürlich Geld, akkumuliert in den Händen weniger. Einsam soll es sein da oben, aber nach da oben kommt ja unsereins nicht hin – denkt ihr vielleicht. Aber nehmen wir uns doch einfach unseren Hexenbesen, fliegen dort hinauf und schauen uns das Ganze mal von außen an.

I: Das Patriarchat beruht auf Krieg, Krieg und Gewalt , Herrschaft und Ausbeutung. Seine magische Substanz ist das verzinste Geld.

II: Wer dieses System durchblickt, wer weiß, dass dieses System nicht das einzig mögliche System ist, wer weiß, dass es dazu noch ein für die meisten Lebewesen schlechtes System ist und ganz und gar nicht »gottgewollt« – der arme Gott wird hierzu nur benutzt –, und natürlich erst recht nicht »göttinnengewollt«, der wird ausgelöscht oder auf die eine oder andere Art und Weise zum Schweigen gebracht.

III: Wer sich nicht mit den Wurzeln des Systems auseinandergesetzt hat, es radikal in Frage gestellt hat, wer also innerhalb dieses Systems etwas verändern will, wer für Frieden »kämpft«, wer für Gleichberechtigung »kämpft«, wer für Umweltschutz »kämpft«, wer für soziale Gerechtigkeit »kämpft«, der wird – gut beschäftigt – nur an Symptomen herumdoktern und sich am Ende wundern, warum sich, global gesehen, so wenig geändert hat. Denn was an einer Stelle verbessert worden ist, verschlechtert sich an anderer Stelle vehement.

So einfach ist das, aber alles scheinbar Komplizierte ist immer einfach, und genau genommen ist es dreifach. Drei ist die magische Zahl, drei ist die Zahl der dreifachen Göttin, alle guten Dinge sind drei und warum sollte es bei den schlechten anders sein?

Zu allen drei Punkten gibt es genug Literatur und eigentlich bräuchte eine ja nur mal die Augen ein wenig zu öffnen oder sich gar zu erinnern. Könnte Leben nicht vielleicht auch schon einmal ganz anders gewesen sein? Könnte Leben nicht auch heute anders sein? Alles Wissen ist in uns gespeichert, in unseren Zellen, in unseren Tiefen. Wir müssen nur hingehen und dieses Wissen abholen. Eine verschlossene Tür gibt es nicht, eher versperrt uns die Angst vor dem Schmerz, die Angst vor der Macht der Wut den Weg. Der Schmerz und die Wut, die können allerdings wirklich mächtig werden, und wenn wir sie zulassen und ihnen nachspüren, dann können wir eigenmächtig werden – und so könnte die anfängliche Vision tatsächlich Wirklichkeit werden. Was eine in Visionen träumt, was eine imaginiert, kann Wahrheit werden. Das ist das Gesetz der Magie. Aber dieses uralte Gesetz der Magie, das viel älter ist als jedes Patriarchat, scheint für die meisten mit dem irdischen Tod der hagazuzzas, der Zaunreiterinnen, der Hexen, verloren gegangen zu sein – sagt man uns jedenfalls, glaubt frau leider.

Der Weg der Magie, der Weg der Eigenmächtigkeit ist kein bequemer Weg, kein Weg, den eine mal so nebenbei gehen kann. Da wird eine schnell zur Außenseiterin, für »verrückt« erklärt, zur Spinnerin – und everybody's darling ist auch nicht drin. Bis sie es jedoch zur wahren Spinnerin gebracht hat, die mit Heiterkeit und Lächeln ihr feines, filigranes Netz in Worten, Ritualen, Bildern, Formen, Tänzen, Musik oder Träumen spinnt, vergeht so manche Zeit – tiefe Zeit.

Vielleicht hat eine sich ja ganz schön eingerichtet im System. Wenn sie die Augen zumacht, bei den Nachrichten nicht richtig hinhört, die Haut mit Make up verschließt, so dass sie nicht alles spürt, so findet sie bestimmt die eine oder andere Kuschelecke, in der es sich gemütlich leben lässt in dieser Welt. Nur wirklich anspruchsvoll darf eine dann nicht sein. In die Tiefe gehen, nachdenken, nachspüren, Fragen stellen, merkwürdige Bücher lesen, all dies ist auch nicht angesagt. Leicht und seicht sollte sie bleiben, sogar mager darf sie sein. Die Zeit sollte sie sich angenehm mit Putzen, Fernsehen und Kaffeeklatsch vertreiben, denn an der Oberfläche ist es doch wirklich schön und Schönheit ist der Frauen höchster Lebenszweck. Und wie einfach es die Frau von heute hat, der Kunst der Medizin sei Lob und Dank. Hat Mutter Natur den Trend der neusten Mode nicht ganz erkannt, so gibt es ja die tollen Doktoren, die treiben dann ein bisschen Magie – Messermagie –, dann muss frau das wenigstens nicht selbst machen.

Um die drei großen W's des Lebens – um das Wort, die Wahrheit und die Weisheit – sollte eine dann allerdings unbedingt einen großen Bogen machen. Diese führen zu nichts, vielleicht sogar ins Nichts und eventuell begegnet eine dann der Tödin, die es doch gar nicht gibt, denn Jugendwahn bewahrt uns ja vor ihr. Andere mag es treffen, die anderen werden sterben, ich doch nicht. Verdrängen ist die höchste Form der Lebenskunst.

Wenn allerdings die innere Unruhe keine Ruhe gibt, die Traurigkeit trotz Pharmaka und Alkohol nicht weicht, die Wut sich immer wieder hochkocht, das Gefühl der Heimatlosigkeit nicht aufhört, die Gedanken im Kopf nicht aufhören zu kreisen, dann sollte eine allerdings zu ihren Wurzeln gehen, denn mit dem Kreis, mit dem Zyklus fing alles an.

# Mit dem Kreis fing alles an

Tatsache ist, dass unsere Gesellschaft auf einer faustdicken Lüge aufgebaut ist, der Manngottschöpfungslüge, denn am Anfang steht nicht Gott, sondern die Große Göttin, am Anfang steht nicht der Mann, sondern die Frau. Diese geschichtliche, diese religiöse Tatsache haben die meisten von uns vergessen, nicht freiwillig. Die wurde uns vielmehr über 5 000 Jahre mit brachialer Gewalt ausgetrieben. Alles was an die Göttin erinnert, wurde getötet, zerstört oder verdreht in die eigene Lehre eingebaut. Millionen Frauen, die dieses Wissen hätten weitergeben können, so wie es über Tausende von Jahren mündlich von der Mutter zur Tochter weitergegeben wurde, fielen den Herrschern zum Opfer. Hier liegt die Wurzel unserer Traurigkeit, unserer Verzweiflung, unserer Wut, unserer Depression, unserer Ohnmacht, unserer Süchte – und in dieser Tatsache liegt auch die Ursache für unsere unheile Welt.

Am Anfang war das Nichts und dann kam die Frau, die Frau in Form der Großen Göttin, und der Schöpfungsvorgang war eine Geburt. Überall finden wir heute wieder die Spuren der Göttin, können ihr Bild in Tausenden von Puzzleteilen wieder zusammensetzen. Wir finden sie in archäologischen Ausgrabungen, die anders interpretiert werden, als uns die offizielle Geschichtsschreibung Glauben machen will, wir finden sie bei den Matriarchatsforscherinnen, die wunderbare Arbeit geleistet haben, wir finden sie in Märchen und Mythologien, wir finden sie in der Sprache, der Muttersprache, und wir finden sie auch in unseren Erinnerungen. Diese Erinnerungen konnten sie uns nicht nehmen in den Folterungen, den Vergewaltigungen, im vielfachen Feuertod, in den Ertränkungen, die so viele von uns erleiden mussten. Sie konnten die Tatsache, dass das Leben auf der Erde zyklisch verläuft und nicht linear, sie konnten die Tatsache, dass der Kreis das Ursymbol des Lebens ist und nicht das Kreuz, sie konnten diese Tatsachen nicht verändern, denn es liegt nicht in ihrer Macht. Es lag in der

Macht der Schöpferin, der Großen Göttin. Und weil das Leben zyklisch verläuft, können wir uns trotz der Vernichtungen auch daran erinnern.

Ich möchte euch daher eine Schöpfungsgeschichte erzählen, die aus dem Zaubergarn von Wissen, Weisheit und Erinnerung gesponnen ist:

Am Anfang war die Finsternis. In dieser vollkommenen Gestaltlosigkeit sammelte die Göttin ihr Menstruationsblut, das während dreier Jahre und dreier Monate unaufhörlich floss. Das Sammelbecken ihres Menstruationsblutes, der Ozean von Blut, war die Schöpfungsflüssigkeit. Auch heute finden wir auf der Erde noch die Reste dieses Ozeans aus Blut in Form des Roten Meeres und einen der alten Namen der Göttin, denn die Ostküste in Arabien heißt bis auf den heutigen Tag Tiamat, von Dia Mater, die Göttinnenmutter. Erst die Geburt brachte Form in die Welt, dergestalt, dass der runde Mutterleib, als die Zeit der Geburt herangekommen war, im kosmischen Tanz aufbrach. Daraus entstanden Erde und Himmel, die Gebirge des Westens und die Wasser des Ostens, die Winde des Nordens und die Regen des Südens. Die Göttin betrachtete ihre Schöpfung und sah, sie war gut.

Voll Freude tanzte sie ihren wirbelnden Tanz und aus dieser Freude entstanden die Sterne, die funkelnden Lichter auf dem Körper der Göttin. Als die Freude der Göttin über ihre Schöpfung immer größer wurde, erfasste sie den Wind des Nordens und formte aus ihm die große Schlange. Schön schillerte der Körper der Schlange im Glanz der Sterne, schön schillerte er in den Farben des Regenbogens. In ekstatischem Tanz umschlang die Weltenschlange den funkelnden Körper der Göttin und begattete sie. Und so entstand Eros, die Liebe. Als die Zeit der Geburt herannahte, gebar die Göttin Zwillinge, erst die Mondin mit ihrem silbernen Schein und dann die Sonne mit ihrem goldenen Schein. So kam das Licht in die Welt. Die Göttin betrachtete ihre Schöpfung und sah, sie war gut.

Durch den silbernen Schein der Mondin und der Sterne des Nachts, und den goldenen Schein der Sonne des Tags, wurde die Göttin noch schöner und die Liebe der Weltenschlange entbrannte erneut. Aus dem kosmischen Reigen der Göttin mit ihrer Weltenschlange entstand in ekstatischer Liebe die Spirale, der Anfang allen Lebens auf der Erde, denn bis zum heutigen Tag ist in der Doppelhelix der DNA der Anfang allen Lebens gespeichert. In Verbindung mit dem Licht entstanden hieraus die ersten Pflanzen in dieser Welt. Das helle Grün im Schein der Sonne und das dunkle Grün im Schein der Mondin erfreute die Göttin so sehr, dass sie Freudentränen vergoss. Aus den Tränen der Freude entstanden die ersten Tiere in dieser Welt. Die Göttin betrachtete ihre Schöpfung und sah, sie war gut.

Erneut entflammte die Liebe zwischen der Göttin und der Weltenschlange. Abermals brachte die Göttin Zwillinge zur Welt, eine Frau und einen Mann, die ersten Menschen in dieser Welt, die sich in inniger Liebe vereinigten. So kam die Glückseligkeit in diese Welt und aus ihr entstand das heilige Ritual der Heiligen Hochzeit, der Hieros Gamos, die liebende Vereinigung des Weiblichen mit dem Männlichen, wodurch die Erhaltung des Lebens gewährleistet wurde. So kam die Fruchtbarkeit in die Welt. Die Göttin betrachtete ihre Schöpfung und sah, sie war gut.

Nun schuf die Göttin die Maat, die Weltordnung, um der Welt das richtige Gefüge des Lebens zu geben, Leben in Ausgewogenheit, Harmonie und Wahrheit, um Isfet, das Chaos und die Ungerechtigkeit, zu verhindern. Als Insignien der Macht erhielt die Maat eine Feder, mit der die Herzen der Menschen aufgewogen werden konnten. Als Ausdrucksform der Harmonie entstanden die ersten Töne. So kam die Musik in die Welt. Die Göttin betrachtete ihre Schöpfung und sah, sie war gut.

Dann schuf die Göttin die Sophia, die Göttin der Weisheit, genannt auch die Chokmah, die Ruah, die Geistin. Die brachte das Wissen in die Welt, nicht das reine Faktenwissen, sondern das Wissen gepaart mit Gerechtigkeit, Schönheit und Ehrfurcht vor dem

Leben, dem Werk der großen Schöpferin. Dadurch kam die geistige Erleuchtung in die Welt. Die Göttin betrachtete ihre Schöpfung und sah, sie war gut.

Schließlich schuf die Göttin das Wort, das erfüllt war mit Magie. Hiermit sollten die Menschen die Schöpfung loben und preisen, ihrer Freude und ihrer Liebe zueinander Ausdruck verleihen und in Liedern, den Vögeln gleich, ihrer Glückseligkeit Form und Raum geben können. So kam die Poesie in die Welt. Die Göttin betrachtete ihre Schöpfung und sah, sie war gut.

Die Liebe der Weltenschlange zur Göttin war angesichts der Schönheit der Schöpfung so groß geworden, dass sich ihre äußere Form immer mehr veränderte. Sie schloss sich zu einem Kreis, dehnte sich weiter zur Form einer Mandel, bildete Extremitäten und nahm immer mehr die Form eines Ebenbildes der Göttin an. Die Göttin hauchte ihrem Geliebten den Atem ein und so entstand Gott in der Welt.

Die Göttin betrachtete ihre Schöpfung und sah, dass sie gut war. Neben ihrer Freude kam aber immer mehr die Sehnsucht der Göttin nach ihren Geschöpfen auf. Da sie eine Mutter war, die ihre Geschöpfe aus ihrem Leib geboren hatte und dadurch die heilige Silbe Ma auf ewig in ihr schwang, schuf die Göttin das Geheimnis von Tod und Auferstehung. Nach einer gewissen Zeit auf der Erde starben die Pflanzen, die Tiere und die Menschen nun. Wenn ihre Geschöpfe starben, dann streckte die Göttin ihre Hand aus, nahm ihre Geschöpfe zu sich empor und ließ sie einige Zeit an ihrem himmlischen Busen ruhen, bis sie wieder, erquickt von unendlicher Mutterliebe, bereit waren, auf die Erde zu ihrem irdischen Dasein zurückzukehren, so ähnlich wie auch Kinder heute noch sich vom Schoß der Mutter entfernen, um die irdischen Freuden des Lebens zu entdecken, aber gerne wieder dorthin zurückkehren. Da der Körper der Göttin mit dem Licht der Sterne übersät war, entstand die Legende der Goldenen Stadt, zu der die Menschen nach ihrem Tod einkehren, diese alte Legende, wie wir sie auch heute noch in den Schriften der Offenbarung des Johannes über das Heilige Jerusalem finden. So kam die Tödin in die Welt. Die Göttin betrachtete ihre Schöpfung und sah, sie war gut.

Damit die Menschen aber keine Angst vor der Tödin hatten, setzte die Göttin als weise Schöpferin Zeichen. Sie schuf die Jahreszeiten in Form eines immerwährenden Kreislaufs, sie erschien den Menschen in Form der dreifachen Göttin, als Jungfrau, Mutter und Alte Weise, die sich auf immer neue Weise erneuert, und sie setzte als andauernd sichtbares Zeichen ihrer Liebe und Treue die Mondin in ihrer dreifachen Erscheinungsform an den Himmel, als Neumondin in Form einer schmalen Sichel, der Jungfrau entsprechend, als Vollmondin in Form eines Kreises, der Mutter entsprechend, und als Schwarzmondin, der Weisen Alten entsprechend. In weiser Voraussicht koppelte sie die Erscheinungsformen der Mondin an den Fruchtbarkeitszyklus der Frau und an die Gezeiten der Meere, auf dass die Frauen niemals die Geheimnisse der Urschöpfung vergäßen.

So kam also der Kreis in die Welt, der große Kreis, die runde Erde, die Mondin, die Sonne, die Spirale. Der Kreis als ein System ohne Anfang und ohne Ende, ohne oben und unten, ohne Hierarchie. Der Kreis als ununterbrochenes Kontinuum des Lebens, in dem Geburt und Tod, Licht und Dunkelheit ein ganzheitliches Ideal des Lebens ergeben. Nicht umsonst waren die Ureinwohner dieser Erde Kontinuumsgesellschaften und kannten den Kreis als Ursymbol des Lebens. Vom Anfang der Schöpfung bis vor ca. 1 500 Jahren kannten die meisten Menschen auf der Erde die weibliche Schöpfungsgeschichte. Sie kannten die Göttin unter einer Vielzahl von Namen. Heute haben die meisten Menschen sie vergessen. Das Bild der Göttin wurde uns ausgetrieben. Wir sind einer so gewaltigen Gehirnwäsche unterzogen worden, dass wir nicht einmal stutzig werden, wenn Jahwe in der Bibel in seinem Disput mit Hiob über den Urheber der Schöpfung in Kapitel 38, Vers 8 sagt: »Wer hat das Meer mit Türen verschlossen, als es hervorbrach, dem Mutterschoß entquoll ...?« Und wir hinterfragen auch nicht, wenn der Koran, das offenbarte Wort Allahs an seinen Propheten Mohammed in der Sure 96, der Sure des geronnenen Blutes, schreibt: »1. Trage vor im Namen deines Herrn, der erschuf, 2. erschuf den Menschen aus geronnenem Blut.« Wie kommt ein Gott Vater denn plötzlich zu einem Mutterschoß und hat Allah sich aus Versehen verletzt, als er den Menschen aus geronnenem Blut schuf, oder wie sonst entsteht das geronnene Blut?

Der Mutterschoß, der Ort der Fruchtbarkeit, der Ort der Macht über Leben und Tod, der im Angesicht des Todes einzigen wahren Macht auf dieser Erde, der einzige Ort auf der Welt, der blutet, ohne verletzt zu sein, dieser Ort ist der Machtbereich der Frauen. Wenn Frauen kein Leben mehr in dieser Welt austragen, wenn wir keine Kinder mehr gebären, dann wird das menschliche Leben auf dieser Erde aussterben. Aber wir haben diesen Ort der Macht vergessen, wir haben ihn mit Schmutz besudeln lassen, er ist zu einem Ort der Sünde geworden und der Zyklus der Frau, der in der heiligen Menstruation sichtbar wird, ist zu einem Ort der Unreinheit verkommen. Der Mutterschoß – wir haben ihn vergessen, er ist uns nicht mehr heilig und daran krankt die Welt.

# Mutterschaft und Matriarchat – das vergessene Goldene Zeitalter

Am Anfang stand die Frau, die Frau in ihrer schöpferischen kreativen Macht, Leben hervorzubringen, es zu nähren, zu schützen und zu bewahren. Dies führte dazu, dass die Frauen eine tragende Rolle in der Gesellschaft innehatten und zahlreiche Funktionen – anders als uns die gängige Geschichtsschreibung weismachen will – unter der Leitung von Frauen standen.

Da nur die Frau über das Geheimnis verfügte, Leben entstehen zu lassen, wurde ihr Geschlecht natürlicherweise mit dem Göttlichen assoziiert. So entstanden auf der ganzen Welt die großen Mythologien der Schöpfungsgöttinnen, und Religion war, archaisch gesehen, überall weiblich. Einen männlichen Gott gab es nicht, denn der Mann repräsentierte mit seinen Kräften nicht den Kosmos. »Er erscheint in begrenzteren Dimensionen«, schreibt Heide Göttner-Abendroth in ihrem Buch »Die tanzende Göttin«, »seine Gestalt ist nur eine und in jeder Phase auf die matriarchale Göttin bezogen. Durch sie gewinnt er überhaupt erst Anteil an Gütern und Würden (Initiation); er ist als Teil integriert in ihre allhafte Fruchtbarkeit (Heilige Hochzeit); er erfährt durch sie an sich selbst die gesetzmäßigen Durchgänge von Tod und Wiederkehr (Opfertod und Wiederauferstehung).« (S. 75) So entstand das Bild von der Göttin und ihrem Heros.

Aus diesem Göttinnenverständnis heraus, ergibt sich konsequenterweise auch die ureigenste Bestimmung der Frau als Priesterin, der die heiligen Dinge im Leben obliegen, die sie im Laufe der Zeit zu Ritualen fortentwickelte. »Die Göttin wird bei den zyklischen Jahreszeiten-Festen durch ihre Priesterin-Königin dargestellt, der Heros-König ist ihr gegenüber der Vertreter des Volkes. Verkörpert in diesen beiden Repräsentanten verbindet sich also die Göttin mit ihrem Volk und bezieht es in ihren Segen ein«, schreibt die Autorin auf derselben Seite und bestätigt hiermit die spirituelle Führungsrolle der Frauen in alten Zeiten. Heute noch erfahren wir die hochwirksame Spiritualität von Frauen, wissen, dass sie in geistigen Dingen viel sensibler sind als ihre männlichen Weggefährten. Dieser schöpfungsbedingten Spiritualität der Frauen wird allerdings in den offiziellen Machtzentren der patriarchalischen Religionen kaum Rechnung getragen, geschweige denn Raum gegeben.

Die Frau am Anfang der Menschheitsgeschichte war eng verbunden mit der Erde. So wie aus dem Mutterschoß neues Leben geboren wurde, so wuchs aus Mutter Erde Nahrung, die zum Leben gebraucht wurde, daher wurden die Frauen die Hüterinnen des Landes. Erst sorgten sie als Sammlerinnen für die Ernährung der Gruppe, partnerschaftlich ergänzt durch die Tätigkeit der Männer als Jäger. Später entwickelten sich unter der Pflege der Frauen langsam die ersten Ackerbaukulturen. Den Frauen gelangen die ersten Pflanzenzüchtungen, sie erzeugten die pflanzlichen Nahrungsmittel, sie sorgten für Bevorratung und die Verteilung innerhalb der Gruppe. Es wurden Feldfrüchte wie Weizen, Gerste, Linsen und Erbsen angebaut, und durch ihre Aufgabe, Bewahrerin des Lebens zu sein, und ihre enge Verbindung zu den Pflanzen entwickelten die Frauen auch die Heilkunst. Sie erforschten die Wirkung der Kräuter, führten Medizinrituale aus und waren als Hebammen natürlich zuständig für die Geburten. Das Wissen um die Ernährung und die Medizin war daher, archaisch gesehen, ebenfalls weiblich.

Nach und nach machten sich die Frauen auch mit wilden Tieren vertraut und so entwickelte sich die Haustierhaltung. Bis auf das Pferd, das sie nicht als Haustier kannten, züchteten sie Ziegen, Schafe und Schweine und trugen mit der Schaffung einer stabilen Nahrungsgrundlage wesentlich zum Wohlstand früher Siedlungen bei.

Auch die anderen Künste der Zivilisation, wie das Anfertigen von Zelten bei nomadisierenden Stämmen und das Bauen von

Hütten und Häusern bei sesshaften Stämmen, oblag der Verantwortung der Frauen. Das Verarbeiten von Pflanzenfasern und Wolle zu Stoffen und Geweben gehörte zu ihren handwerklichen Tätigkeiten, das gemeinsame Spinnen von Wolle und das Weben von Tüchern war besonders eng mit Frauengemeinschaften verknüpft. Das Flechten von Körben und das Töpfern, das Herstellen von Gefäßen zur Nahrungsbereitung wird ebenfalls den Frauen zugeschrieben und neben Knochen- und Steinbearbeitung wurden damals bereits Kupfer- und Goldbearbeitung betrieben, an deren Fertigung sie sicherlich auch handwerklich und künstlerisch beteiligt waren.

Die Entwicklung der Sprache und die Weitergabe an die Nachkommenschaft gehört natürlicherweise auch zu den ureigensten weiblichen Künsten. Nicht umsonst reden wir auch heute noch von der Muttersprache als dem wichtigsten Kommunikationsmittel einer Nation. So bezieht sich Heide Göttner-Abendroth in ihrem Buch »Das Matriarchat I« auf die Eiszeitkulturforschungen der Anthropologin Marie König und des Paläolinguisten Richard Fester, wenn sie schreibt, dass der Auslöser der ersten Sprachentwicklung beim Menschen die Laute des Kleinkindes gewesen sein müssen, auf die die Mutter reagiert. »Von diesen Lauten konnte nachgewiesen werden, dass die in sämtlichen Sprachen der Erde verbreiteten Urworte das unmittelbare Weibliche oder die Wirkungen kennzeichnen, die vom Weiblichen ausgehen« (S. 112). Wahrscheinlich entstanden auch im Summen von Lauten zur Beruhigung von Säuglingen die Anfänge der Musik. Später entwickelten Frauen aufgrund ihrer bis heute sichtbareren größeren Sprachbegabung daraus die Dichtkunst.

Durch ihren Menstruationszyklus in Verbindung mit der Mondin führten Frauen die ersten kalendarischen Berechnungen durch, denn der Menstruationszyklus ist eine Möglichkeit zum Messen der Zeit. So entstand das Mondjahr mit seinen 13 Monaten zu jeweils 28 Tagen, was genau dem Zyklus einer Frau entspricht, während die Schwangerschaft wiederum genau die Dauer von neun Mondmonaten hat. Aus dem Messen der Zeit entwickelte sich die Mathematik. Barbara Walker schreibt in ihrem Lexikon »Das geheime Wissen der Frauen« unter dem Stichwort Mutterschaft: »Das Sanskritwort matra bedeutete wie das griechische Wort meter gleichzeitig ›Mutter‹ und ›Messung‹. Mathematik heißt eigentlich Mutterweisheit. Viele Bezeichnungen für Rechenvorgänge entwickelten sich aus Stammwörtern für Mutterschaft: Metrik, Mensur, Meter, Mensis, Markierung, Merkmal, Mentalität, Geo-metrie, Trigono-metrie usw. Frauen haben schon so lange zeitliche und räumliche Berechnungen durchgeführt, dass nach dem Vaya Purana die Männer früher dachten, Frauen könnten gebären, weil sie über hervorragende Fähigkeiten im Rechnen und räumlichen Gestalten verfügten. Männer stellten sich vor, sie könnten mit der Beherrschung dieser weiblichen Fertigkeiten auch gebären.«

»Die Jungsteinzeit von etwa 10000 bis 3000 v. u. Z. ist die Epoche, deren Erfindungen die Basis aller späteren Gesellschaftsordnungen geprägt haben. Denn Ackerbau, Hausbau und der Bau sakraler Anlagen sind Erfindungen jener Zeit. Sie markieren den Beginn der jungsteinzeitlichen Epoche. Dabei beschränkt sich die Siedlungsform keineswegs nur auf Dörfer, sondern es treten bereits früh (etwa 9000 v. u. Z.) die ersten Städte auf, mit 3000 Einwohnerinnen und Einwohnern zwar nicht sehr groß, aber differenziert in der Vielzahl der Funktionen. Die geltende Sozialordnung dieser Zeit ist das Matriarchat«, schreibt Heide Göttner-Abendroth in einem Artikel über die Architektur im Matriarchat (www.matriarchat.net). Das zyklische Lebensverständnis, das Eingebundensein in den Kreislauf der Natur, Geburt und Tod, Fruchtbarkeit und Wiedergeburt, das waren die Grundlagen matriarchaler Kulturen. Da die Rolle des Mannes bei der Reproduktion lange nicht bekannt war, gingen alle verwandtschaftlichen Beziehungen auf die Mutter zurück. Die Mutter-Tochter-Beziehung wurde zur wichtigsten Beziehung überhaupt, sie führte zur Bildung der matriarchalischen Sippe. Die Vererbung erfolgte matrilinear, also entlang der mütterlichen Linie.

Unter der ökonomischen und sozialen Leitung der Frauen entwickelten sich die ersten dörflichen und später städtischen Hochkulturen, die allerdings weniger auf Privatbesitz, sondern auf dem Besitz des Kollektivs aufgebaut waren. Die Erde zu besitzen, sie vielleicht sogar, wie heute üblich, als beliebtes ökonomisiertes Spekulationsobjekt zu betrachten, war dem spirituellen Weltverständnis der matriarchalen Kulturen, in der die Erde als Bestandteil der Göttin, als lebender Organismus gesehen wurde, völlig fremd. Oder wer erinnert sich heute nicht mehr an die Weigerung der angeblich primitiven Indianer, die sich nicht mit dem Gedanken anfreunden konnten, Mutter Erde an die Weißen zu verkaufen, weil sie sich nicht vorstellen konnten ihre Mutter zu verkaufen?

Der Begriff Matriarchat wurde im letzten Jahrhundert von den Begründerinnen der modernen Matriarchatsforschung eingeführt und bedeutet »am Anfang die Mütter«, aus griech. »arche«, »Anfang, Ursprung«, und lat. »Mater«, »Mutter«. Weil alles Leben von Müttern in diese Welt gebracht wird, organisierten sich die frühen Gesellschaften um diese Tatsache herum. Matriarchate waren und sind Gesellschaften, in denen sich die Sippenmitglieder, Männer wie Frauen, zusammentun, um die Existenz neuen Lebens zu sichern, dieses Leben zu pflegen und sich daran zu erfreuen. Mehrere Sippen bilden einen Stamm.

Heute kann davon ausgegangen werden, dass noch vor ca. 5 000 Jahren die Erde hauptsächlich von rein matriarchalen Kulturen bevölkert wurde. Erst ab diesem Zeitpunkt gibt es erste patriarchale Spuren. Auf den Inseln hielten sich matriarchale Gesellschaftsformen wesentlich länger. Die matriarchale minoische Kultur auf Kreta z. B. wurde erst 1 400 v. u. Z., wahrscheinlich durch den Ausbruch des Vulkans auf Thira, dem heutigen Santorin, ausgelöscht.

Überall stoßen wir auf Spuren dieser matriarchalen Kulturen, sei es in den Mythologien und Namen der großen Göttinnen oder in den archäologischen Ausgrabungen. Namen von großen Göttinnen finden wir überall, Namen wie Inanna , Ishtar (Astarte) und Mari im sumerischen, assyrischen, babylonischen, chaldäischen Bereich, Nut, Neith, Maat, Hathor und Isis in Ägypten, Kybele in Palästina, wie al-Lat, Menat und al-Uzza, arabische Göttinnen, wie Rhea, Gaia, Athene, Aphrodite, Artemis, Demeter und Kore, griechische Göttinnen, oder ihre römischen Entsprechungen, Jörd, Cerridwen und Freyja in Nordeuropa, Dana, Modron-Morrigain und Erin bei den Kelten in Nordwest- und Mitteleuropa, Kali, Sarasvati, Shakti und Lakshmi in Indien. Überall tritt die Göttin mit ihrem großen matriarchalischen Geliebten auf und die Hieros Gamos, die Heilige Hochzeit, die Vereinigung der Göttin mit ihrem männlichen Partner, spielt in allen Göttinnenkulturen eine zentrale Rolle.

Archäologische Spuren finden wir in der von James Mellart entdeckten größten neolithischen Ausgrabung von Catal Hüyük in Zentralanatolien, die um 7000 v. u. Z. gegründet wurde. Dort sind überall Wandbilder zu sehen, in denen Göttinnen oft mit Leoparden und häufig schwanger oder im Akt des Gebärens dargestellt werden. Kostbare Grabbeigaben in Form von Spiegeln aus Obsidian, Zeremonialmessern und Metallperlen vermitteln ebenfalls ein lebhaftes Bild vom religiösen Leben in Catal Hüyük. Grabbeilagen in Form von Waffen fehlen hier allerdings völlig. Andere Spuren von der Verehrung von Muttergottheiten finden wir bei Xaghra auf der maltesischen Insel Gozo in den auf 3000 v. u. Z. datierten megalitischen Tempelanlagen von Ggantija, in Knossos auf Kreta im minoischen Labyrinth mit der Göttin Rhea und ihrem Lilienprinz, in Thira auf der Insel Santorin, ebenfalls mit der Schlangengöttin Rhea, und später, schon patriarchalisch verfärbt, im Zypern der Göttin Aphrodite, in Mykene in dargestellten Tänzen und Ritualen einer weiblichen Gottheit mit Votivstatuen, Perlen und Darstellungen zusammengerollter Schlangen, weiterhin im ursprünglich der Göttin Gaia geweihten Tempel in Delphi, der erst später dem Gott Apollon zugewiesen wurde, oder in Olympia, einem ursprünglich der Göttin Rhea geweihtem Ort, der ebenfalls erst später von Zeus okkupiert wurde.

Matriarchale Spuren finden wir auch immer wieder in diversen Bräuchen verschiedener europäischer Völker, insbesondere bei den Etruskern, bei den Kelten, bei den Basken, bei den Germanen, bei den Balten und in den nordischen, ehemals piktischen Gebieten Britanniens, im heutigen Schottland oder auch in Irland. Marija Gimbutas, die mehrere große Ausgrabungen leitete, sprach von einer hochstehenden Kultur, die zwischen 7000 und 3500 v. u. Z. Europa besiedelte, gerne in den fruchtbaren Flusstälern lebte und diese bewirtschaftete. Sie nannte diese Kultur »Altes Europa« und es ist archäologisch erwiesen, dass diese Zivilisation friedlich war. So wurden weder massive Befestigungsanlagen noch Hieb- und Stichwaffen gefunden und das Hauptmerkmal für die Lage einer Siedlung waren keine verteidigungsstrategischen Gesichtspunkte, sondern die Schönheit der Landschaft. Das »Alte Europa« umfasste Teile der Balkanhalbinsel, erstreckte sich von Süd- und Mittelitalien bis zum Donauraum, von der Ukraine und dem Schwarzen Meer bis zur Küste von Kleinasien und dann bis Kreta. Dort hat Gimbutas 3000 Fundstätten erforscht und ist auf 30000 Göttinnenskulpturen gestoßen. Heide Göttner-Abendroth hat eine Passage aus Marija Gimbutas Buch »The Goddesses and Gods of old Europe« folgendermaßen übersetzt:

»Die Kultur, die Alteuropa genannt wird, war gekennzeichnet von der Dominanz der Frau in der Gesellschaft und der Verehrung der Göttin, welche das kreative Prinzip verkörpert, denn sie ist die Quelle und Geberin von allem. In dieser Kultur repräsentiert das männliche Element Mann und Tier, die spontane und lebenstimulierende Seite, aber nicht die lebensspendenden Kräfte. Diese Kultur, die vor den indo-europäischen Eroberungen lag, war matrilokal und matrilinear, eine Agrikultur mit Sesshaftigkeit, egalitär und friedlich. Sie kontrastiert sehr scharf mit der nachfolgenden indo-europäischen Kultur, welche patriarchal war.« (Göttner-Abendroth, Heide: Das Matriarchat I, S. 108)

Sowohl die Art der Siedlungen als auch die Art der Begräbnisse zeigen eindeutig, dass im Alten Europa eine hochentwickelte matriarchal zentrierte Gesellschaftsform existierte, was auch durch eine große Fülle weiblicher Symbole belegt wird, während alle Anzeichen für eine patriarchal hierarchische Gesellschaftsform fehlen. So schreibt Doris Wolf in ihrem Buch »Was war vor den Pharaonen?«: »Zu den wichtigsten Informationsquellen über die Kulturen der alten Völker gehören die archäologischen Funde aus den Grabstätten. Und hier lassen sich weltweit zwei prinzipiell verschiedene Bräuche unterscheiden. Bei den ältesten gefundenen Bestattungen in Ägypten, Mesopotamien, Indien, überhaupt dem ganzen vorderasiatischen Raum und Alteuropa wurden die Toten in einfachen Erdgruben in einer den Embryo nachahmenden kontrahierten Haltung (auch Hockerstellung genannt) mit wenigen Grabbeigaben bestattet. Muscheln, Korn, Früchte, Brot, Öl usw. waren nicht als Nahrung für die Toten gedacht, wie man gemeinhin behauptet, sondern als religiöse Symbole der Wandlung und der Wiedergeburt … Unmittelbar nach der ersten indo-europäischen Invasionswelle, die im fünften Jahrtausend nach Europa vordringt, sind jedoch eine Reihe von »Häuptlingsgräbern« belegt, deren Bestattungsriten völlig anders sind. Die Häuptlinge ließen sich nicht in Erdgruben, sondern in rechteckigen Steingräbern, die mit Grabhügeln versehen wurden, auf dem Rücken liegend bestatten.« (S. 40)

Eine genetische Untersuchung der Skelette in den Gräbern ergab zudem in »Alteuropa« eine matrilokale Siedlungsweise, die Menschen lebten also in Sippen und Clans, denen jeweils eine Mutter vorstand, und Töchter verließen auch bei einer Heirat das Haus der Mutter nicht. So waren die weiblichen Skelette in einem Grab alle miteinander genetisch verwandt, während die gefundenen männlichen Skelette ein fremdes genetisches Muster aufwiesen (Marija Gimbutas: »The Living Goddesses« und »The Language of the Goddess«).

In ihrem letzten Buch, dass erst nach ihrem Tod erschien und auch die Forschungen der letzten Lebensjahre Marija Gimbutas beinhaltet, werden die Erkenntnisse der Forscherin über »Alteuropa« noch einmal folgendermaßen zusammengefasst:

»Die Rekonstruktion einer prä-indo-europäischen Sozialstruktur in Alteuropa ist möglich, wenn Quellen verschiedener Disziplinen genutzt werden: linguistische, historische, mythologische, religiöse und archäologische, bei letzteren vor allem die Auffälligkeiten bei Gräbern und Siedlungen. Zeugnisse aus diesen Disziplinen zeigen, dass Alteuropas Sozialstruktur matrilinear war, mit einer weiblichen Erbfolge. Die Gesellschaft war um eine theakratische, demokratische Tempelgemeinschaft organisiert, die durch eine hoch angesehene Priesterin und ihrem Bruder (oder Onkel) geführt wurde; ein Frauenrat diente als Regierungsorgan. Im gesamten Alteuropa gibt es keine Zeugnisse für den späteren indo-europäischen patriarchalischen Häuptlingstyp.« (Maria Gimbutas: »The Living Goddess«, S. 125, übersetzt von K. Armbruster).

Nicht nur in »Alteuropa« waren diese friedlichen Kulturen bekannt. »Auch das ursprünglich matriarchalische Sumer dominierte 3000 Jahre das Gebiet des fruchtbaren Halbmondes und hinterließ keine Anzeichen von Krieg. Überreste solcher friedlichen Gesellschaften aus der Jungsteinzeit wurden in Hassuna, Tell Halaf, Samarra und Ubaid ausgegraben. In diesen Orten gab es bemerkenswerterweise keine Götter: Auf heiligen Ikonen waren nur nackte Frauen abgebildet, die Kinder hielten oder versorgten«. So zitiert Barbara Walker die Encyclopedia Britannica in ihrem Lexikon »Das Geheime Wissen der Frauen« unter dem Begriff Mutterschaft. In Indien lassen sich im Industal ebenfalls Spuren dieser hochstehenden matriarchalen Kulturen in den berühmten Städten Harappa und Mehenjo Daro nachweisen. Und auch im vordynastischen Ägypten ging dem patriarchalen Königtum eine matriarchale Kultur, verbunden mit einer langen Periode des Friedens, voraus, »bevor um etwa 3100 v. u. Z. radikale Neuerungen auf sozialem, religiösem, politischem und künstlerischem Gebiet zu beobachten sind, verbunden mit einem Sturm von Kriegen, Zerstörungen und Terror, der das Land in ein 3000 Jahre dauerndes pharaonisches Blutbad stürzte«, schreibt Doris Wolf in ihrem Buch: »Was war vor den Pharaonen?«, S. 21. Wie in den anderen urgeschichtlichen Kulturen wurde auch in Ägypten eine große Anzahl weiblicher Statuetten gefunden, welche die Verehrung einer Großen Göttin bezeugen. Auffallend bei diesen Figurinen ist das ausgeprägte nach unten zeigende weibliche Dreieck und ein sakrales Karomuster, dessen achaische Symbolik nach Carola Meier-Seethaler weltweit immer wieder auftaucht. Doris Wolf beschreibt auch die neuen Entdeckungen der Ägyptologin Christiane Desroches Noblecourt, die in den letzten Jahren in Luxor eine Felsgrotte im Tal der Königinnen näher erforscht hat. Die Forscherin »kommt zu dem Schluss, dass es sich bei dieser Grotte um ein schon in urgeschichtlicher Zeit benutztes Höhlenheiligtum der Göttin Hathor bzw. um die symbolische Darstellung des gigantischen Uterus der göttlichen Himmelskuh handelt. Die in der Grotte gefundene rote Keramik, Spuren von rotem Ocker, die Felszeichnung einer Kuh und ein rotes Dreieck bezeugen, was seit dem Paläolithikum von den Höhlen der Großen Göttin bekannt ist: die Symbolik der Wiedergeburt aus dem weiblichen Schoß; Höhle, Sargraum, Sarg und Grab haben alle die Bedeutung von Mutterschoß der Großen Göttin.« ( S. 60)

Das Entstehungsdatum der Sphinx bei den Pyramiden von Giseh wird von einigen Forschern auf 10500 v. u. Z. geschätzt – und damit auch in matriarchalische Zeiten vorverlegt –, da der Körper der Sphinx Schäden durch stehendes Wasser aufweist, die nur in einer Zeit entstanden sein können, als die Sahara noch keine Wüste, sondern eine fruchtbare Savanne war. Auch unter dem erst relativ spät von den Römern erbauten Tempel in Dendera, der der Göttin Hathor gewidmet ist, wurden Reste eines wesentlich älteren Tempels entdeckt, der möglicherweise auf einen Bau 1000 Jahre vor der ersten ägyptischen Dynastie hinweist und daher in vorpatriarchalischen Zeiten gebaut wurde. Die Urgeschichte Ägyptens wird aber von den meisten Ägyptologen sträflich vernachlässigt, so dass viele der Zeugnisse aus dieser Zeit unbeachtet in Museen schlummern.

Marija Gimbutas gibt die Dauer der Göttinnenverehrung insgesamt mit einem Zeitraum von 20 000 Jahren an, so dass davon ausgegangen werden kann, dass die Göttin von der Altsteinzeit bis zur Jungsteinzeit überall verehrt wurde. Wie kurz ist im Vergleich dazu die Zeit des Patriarchats, die uns von der offiziellen Geschichtsschreibung als der Beginn der Geschichte gepriesen wird, während die Leistung der Frau während des viel länger andauernden Matriarchats, in dessen Zeitraum alle wesentlichen Entwicklungen der Zivilisation fallen und das dazu noch friedlich war und ohne Massenmorde auskam, in der Geschichtsschreibung praktisch unter den Tisch gekehrt wird. Und dies obwohl in der Literatur der griechischen und römischen Antike sich mehrere Berichte von einem sagenhaften Paradies oder »Goldenen Zeitalter« finden und auch in Indien das Satya-Yuga, das Goldene Zeitalter, bekannt ist, als Zeitalter, in dem der Mensch noch nicht getrennt war von der Wahrheit und den Gesetzen der Natur.

So beschreibt Platon diese Zeit: »Es gab keine Wildheit oder gegenseitiges sich auffressen, noch irgendeinen Krieg, noch Aufruhr unter ihnen. Es gab keine Regierungen oder getrennten Besitz an Frauen und Kindern … und so etwas wie Privatbesitz und Familien existierte nicht.« (Zit. nach Barbara Walker: »Das Geheime Wissen der Frauen«, Stichwort: Mutterschaft)

In den Reinigungsliedern des Empedokles heißt es von diesen frühen Menschen ferner:

»Ares kannten sie nicht, den Gott des blutigen Krieges,
Kannten die Königin Kypris nur, die Herrin der Liebe,
Suchten durch fromme Gaben, durch köstlich duftende Salben,
Myrrhen, Weihrauch und goldenen Honig der Göttin zu dienen.
Kein Altar ward benetzt mit dem Blut geschlachteter Stiere,
Sanft war ein jedes Geschöpf, zutunlich Vögel und Tiere,

Und es glühte in allen die Flamme lauterster Liebe.« (Zit. nach Sophia Schaup: »Das Weibliche in Gott«, S. 153)

Gemeinsame Bewirtschaftung des Bodens, gemeinsame Aufzucht der Kinder, Einssein mit der Natur, ein zyklisches Weltverständnis und als ideologische Grundlage weniger eine ökonomische Konkurrenz als vielmehr soziale Konkurrenz waren die Grundlagen matriarchalischer Kulturen und können auch heute noch in vielen matriarchalischen Kulturen nachgewiesen werden. Die- oder derjenige verfügte über das höchste Image, das höchste Prestige, welche/r sich am meisten um das Wohl der Gemeinschaft kümmerte. Während heutige ökonomische Konkurrenz sich ausschließlich über Wissen, Faktenwissen, profiliert und wir die Lehre vom Wissen, die Wissenschaft, regelrecht zu einem Gott erhoben haben, orientiert sich soziale Konkurrenz an der Weisheit, der Sophia. Aber heute müssen wir tatsächlich mit Hiob ausrufen: »Aber die Weisheit, wo kann man sie finden, und wo ist denn die Fundstätte der Einsicht?« (Hiob, 28,12)

Es ist notwenig den Ruf der Weisheit zu vernehmen, denn Weisheit ist viel mehr als Wissen. Weisheit hinterfragt das Wissen. Sie setzt das Wissen in Beziehung zur Verantwortung gegenüber einer höheren Instanz. Weisheit beinhaltet neben dem Wissen die Frage nach der Moral, allerdings ohne den lustfeindlichen Aspekt der Moral, die den Eros aus der Ethik verbannt hat. Auch Maat, die altägyptische Weltordnung, die das richtige Gefüge der Welt meint und damit auch die gesellschaftliche Solidarität und das verantwortungsbewusste Handeln einer Regierung beinhaltet, ergänzt Sophia. Sophia und Maat beinhalten beide den Aspekt der Gerechtigkeit, die soziale und die kosmische Gerechtigkeit. Die kosmische Gerechtigkeit meint auch eine Gerechtigkeit gegenüber der Natur, gegenüber der Erde selbst, aber auch gegenüber der beseelten Welt, seien es nun Menschen, Tiere, Pflanzen oder Steine mit ihrer uralten Magie. Den Menschen zum Zentrum des Universums zu erklären und ihm, natürlich dem Mann, die Herrschaft über das Leben zu übertragen, ihn sogar aufzufordern, sich das Leben auf der Erde untertan zu machen, dieses heute gängige Paradigma der monotheistischen Manngottreligionen, steht in krassem Gegensatz zum viel weiseren und älteren matriarchalischen Kulturverständnis. Wir brauchen heute die Weisheit und die Maat, wir brauchen die Heiligkeit der Weisheit, sonst kann es keine Heilung geben in der Welt.

Die altägyptische Maat

Sophia, die Göttin der Weisheit,
Ephesus, Türkei

# Die Entstehung des Patriarchats

Anders als es uns in der Schule beigebracht wird, ist die heute gängige Form des Patriarchats nicht die ursprüngliche Gesellschaftsform gewesen, sondern sie ist vielmehr recht jung. Die patriarchale Geschichtsschreibung beginnt um 3000 v. u. Z., in der Antike. »Pater« (lat./gr.) kommt ursprünglich von dem indogermanischen Wort »patr« und bedeutet »Vater«. Der Begriff »Vater« kommt in vorpatriarchalen Zeiten nicht vor – im Gegensatz zu »Mutter«, das eines der ältesten Wörter in allen Regionen der Welt ist – und meint ursprünglich nicht den biologischen Vater, sondern war von Anfang an ein abstrakter institutioneller Begriff, der das Paradigma des Herrschers impliziert. Da es sich bei matriarchalen Kulturen um egalitäre Kulturen handelte, in der die Arbeit zwar geschlechtsspezifisch getrennt, jedoch ohne jede Überordnung oder Unterordnung organisiert war und in der Leitung durch die beratende Funktion natürlicher Autorität erfolgte, gab es dort das Paradigma des Herrschers nicht. Auch die Begriffe Matriarchat und Patriarchat haben eine völlig verschiedene Bedeutung, denn es kam zu einen Bedeutungswandel: Während das griechische Wort »arche« »Anfang, Ursprung« meint, drückt das griechische Verb »archein« jetzt aus: »der erste sein, die Herrschaft haben«, so wie wir es aus den Begriffen Monarchie und Hierarchie kennen. Der Begriff Patriarchat impliziert daher ein völlig neues historisches Phänomen: dass nun die Väter die Herrschaft übernehmen und die Entscheidungen treffen, nicht mehr gemeinsam mit den Müttern, wie es die matriarchalen Konsensgesellschaften kannten, sondern an ihrer statt.

Wodurch ist es aber nun zur Bildung von Herrschaftsstrukturen gekommen? Entstanden sind diese archäologisch nachweisbaren Änderungen wohl durch äußeren Druck. Durch klimatische Veränderungen kam es ab 4000 v. u. Z. in vielen Landstrichen der Erde zu großer Trockenheit. Wegen diesen existentiellen Schwierigkeiten begannen die großen Völkerwanderungen, in deren Verlauf die ehemals matriarchalisch funktionierenden Sozialgefüge zerbrachen. Um selbst überleben zu können, wurden die friedlich in den Flusstälern lebenden Siedlungen überfallen. Da die Völker aus dem Osten beritten waren, hatte die ursprüngliche Bevölkerung keine Chance und sie war auf solche Angriffe auch nicht vorbereitet. Über Jahrhunderte dauerten diese wiederholten Einwanderungswellen, an deren Ende die blühenden matriarchalischen Kulturen fast ausgelöscht waren.

Marija Gimbutas bezeichnet die einfallenden Völker aus dem Osten als Kurganvölker oder Proto-Indo-Europäer und hat ihre Spuren bis zum nördlichen Kaukasus hin verfolgt. Miriam Robbins Dexter schreibt in der Einführung zu »The Living Goddesses« von Marija Gimbutas, S. XV: »Diese Proto-Indo-Europäer waren eine patrilineare, patrilokale, halbnomadische Volksgruppe von Hirten, die wahrscheinlich aus den russischen Steppen stammte. Sie waren militärisch, stellten Waffen her und ritten Pferde. Ihre Religion basierte auf männlichen Göttern. Ihre Landwirtschaft war rudimentär. Erst als sie in größeren Kontakt mit den Alteuropäern kamen, züchteten sie mehr Pflanzen und entwickelten die Metallbearbeitung. Die Keramik dieser Leute war gering entwickelt.« (übersetzt von K. Armbruster).

Marija Gimbutas datiert drei große Kurgan-Einwanderungswellen aus den russischen Steppen: die erste Welle von 4400–4200 v. u. Z., die zweite ca. 3400–3200 v. u. Z. und die dritte 3000–2800 v. u. Z. Die Kurganvölker haben ganz verschiedene Namen. Sie werden als Proto-Indo-Europäer, Indo-Germanen, Indo-Arier, Arier, Kurgan- oder Grabhügelvölker, Streitaxtkulturen oder Schnurkeramiker bezeichnet. Doris Wolf zitiert hierzu Francisco Adrados: »Diese nomadischen, patriarchalen Kriegerstämme gehören zum weißen, europäiden oder armenoiden Rassenkreis und scheinen aus der Region des Schwarzen Meeres, des Kaspischen Meeres und des Kaukasus zu stammen. Sie sind nachzuweisen in der Ukraine, an der unteren Wolga, um den Aralsee, in Usbekistan, Kasachstan, bis zum Altai-Gebirge und darüber hinaus. Ihre ursprüngliche Heimat ist vielleicht an der unteren Wolga und in Kasachstan, vor dem 5. Jahrtausend, der Zeit ihres Vordringens nach Europa.« (S. 214)

Die Arier wurden im Laufe der Geschichte immer wieder und nicht zuletzt von Hitler glorifiziert. »Viele wollten in den frühen Ariern die Zivilisatoren der alten Welt, eine Militär-Aristokratie von Herrenmenschen sehen, welche die Eingeborenen der eroberten Gebiete durch ihre ›erleuchtete‹ Herrschaft in die Zivilisation führten.« So fasst Doris Wolf Untersuchungen von León Poliakov und Laurence Waddell über den arischen Mythos zusammen. Tatsächlich waren die »Arier eine primitiv kriegerische, patriarchal orientierte Minderheit, die eine schwächere, matriarchal orientierte Mehrheit unterwarf, zu Sklaven machte und die oft dunklen Ureinwohner durch scharfe, kastenartige Abtrennung (siehe Indien, Anm. K. Armbruster) von sich fernhielt. Die Machtnahme der patriarchalischen Indo-Arier kann als die größte menschheitsgeschichtliche Katastrophe bezeichnet werden« (S. 218).

Diese Arier wanderten nämlich nicht nur nach Alteuropa und zerstörten dort die matriarchalen Kulturen, sondern sie zogen auch nach Nordindien, zerstörten dort die Induskultur mit den berühmten Städten Harappa und Mohenjo Daro, zogen weiter nach Sumer und mit großer Wahrscheinlichkeit bis nach Ägypten. Doris Wolf liefert in ihrem Buch viele schlüssige Beweise dafür, dass die Herrschaftsschicht der Pharaonen ab der 1. Dynastie in Ägypten eine weißhäutige Fremdkultur war, die die einheimische Bevölkerung versklavte, die religiösen Bräuche patriarchalisierte und das soziale Gefüge hierarchisierte.

James de Meo schreibt über diesen Zeitraum der Geschichte, dass an den Ruinen von friedlich lebenden Völkern ab 3000 v. u. Z. extreme soziale Veränderungen und Zerstörung auszumachen sind. Siedlungen am Nil und an Euphrat und Tigris, auch in der Levante, in Anatolien und im Iran wurden von Völkern aus Zentralasien und Arabien überfallen. Die alten gesellschaftlichen Strukturen wurden von despotischen Zentralstaaten abgelöst, es etablierten sich zentralistische Religionen mit Priesterkasten, mit männlichen Göttern und ihnen geweihten Tempelbauten. In den Grabstätten fand man Schädeldeformationen. Witwen- und Muttermorde wurden entdeckt. Pferde und Kamele bekamen eine zentrale Bedeutung und zunehmende Festungsbauten weisen auf den kriegerischen Charakter der Siedlungen hin (www.matriarchat.net). In Ägypten wurden im Zuge der Hierarchisierung der Gesellschaft Frauen im Harem ihrer Freiheit beraubt und im Zuge der Einführung der bis heute ausgeführten pharaonischen Beschneidung genital verstümmelt.

In dieser Zeit entstand erstmals eine Zwei-Schichten-Gesellschaft, bestehend einerseits aus den in der Regel zahlenmäßig unterlegenen Eroberern und andererseits aus der eher zahlenmäßig überlegenen Urbevölkerung dieser Gebiete. Um dieses Ungleichgewicht auszugleichen, konnte die Urbevölkerung entweder zahlenmäßig dezimiert und vernichtet werden oder es mussten gesellschaftliche Instrumente entwickelt werden, die die vorhandene Bevölkerung unterdrücken. Massenmord und Vergewaltigung fanden hier ihren Anfang.

Christian Sigrist, der sich ethnologisch eingehend mit der Entstehung von Herrschaft beschäftigt hat, bestätigt, dass es zur Bildung von Herrschaft nur durch außergewöhnliche Verhältnisse kommt. Dabei geschieht die Zentralisierung von Macht in der Hand Weniger nicht durch innere Mechanismen, vielmehr ist es stets äußerer Druck, der verschiedene Ursachen hat, welcher zur Konzentration von Macht in der Hand eines Anführers und zur Bildung der politischen Zentralinstanz führt, die das Gleichheitsgefüge der alten Gentilgesellschaft über den Haufen wirft. Da Herrscher und Beherrschte nicht friedlich miteinander auf gleicher Ebene leben, sondern zwanghaft, resultiert hieraus ein Umgang untereinander mit den Herrschaftsinstrumenten des Befehlens einerseits und des Gehorchens andererseits. Um diese Herrschaftsinstrumente langfristig zu etablieren, ergibt sich daraus wiederum zwangsweise die Herausbildung eines sogenannten

Erzwingerstabes wie Krieger, Militär, Herrschaftsinstitutionen, Gericht und Gefängnis, wie Heide Göttner-Abendroth in ihrem Buch »Matriarchate als herrschaftsfreie Gesellschaften« ausführt. Sie schreibt dazu, dass der patriarchale Gesellschaftstyp durch die Herausbildung eines immer größer werdenderen Erzwingungsstabes und einer immer subtileren Unterdrückungshierarchie gekennzeichnet ist. »Man kann geschichtlich beobachten, dass die Bildung patriarchalischer Gesellschaftsordnung identisch ist mit der Bildung von Herrschaftsstaaten. Denn patriarchale Gesellschaften bestehen aus diesen Hierarchien von Herrschern und Beherrschten, wobei immer eine einheimische Bevölkerung unten rangiert und am weitesten unten die Frauen der einheimischen Bevölkerung.« (S. 23)

Wir sehen diese Zerstörung von Gentilgesellschaften durch herrschaftliche Instrumente erstmals bei den indo-europäischen Völkerwanderungen, beim Übergang vom Matriarchat zum Patriarchat. Wir kennen dieses Prinzip aber auch in der jüngeren Geschichte z. B. beim Umgang mit der indianischen Urbevölkerung in Amerika, bei der Kolonialisierung in Afrika und beim Umgang der Weißen mit den Aborigines in Australien. Letztendlich ist jeder Krieg auf diesen Herrschaftsinstrumenten aufgebaut. Es entsteht das Recht des Stärkeren, das die Vernichtung des anderen, des Schwächeren in Kauf nimmt, ja sogar für richtig hält. Gewalt und damit körperliche Stärke werden zu erstrebenswerten Eigenschaften, nicht um damit der Gemeinschaft zu dienen, sondern um damit den anderen einzuschüchtern und sein eigenes Ego zu stärken. Dass Frauen im Zuge dieser Werteveränderung sich auf einmal nicht mehr als Partner auf der gleichen menschlichen Ebene befinden wie die Männer, ist logisch und beabsichtigt. Noch tiefer logieren die Schwächsten der Gesellschaft, die Kinder. Es entstehen hierarchische pyramidale Gesellschaftsstrukturen, es entsteht Konkurrenz untereinander und Besitzdenken in Form einer Akkumulierung von Privatbesitz. Dieses Streben nach Besitz führt schließlich zur Einführung des Geldes, dass sich leichter akkumulieren lässt, als Naturalien. Geld, vor allem verzinstes Geld, ist eine magische Substanz, es führt zu Habgier, es macht süchtig. Mann hat nie genug davon. So beginnt die ewige Jagd nach dem Geld. Geld ist gleich Macht, mehr Geld ist noch mehr Macht: Herrschaftsmacht, wohl gemerkt, destruktive Herrschaftsmacht, die auf der Ausbeutung anderer beruht – im Gegensatz zu der Macht in matriarchalen Kulturen, einer konstruktiven kreativen Schöpfungsmacht, der Macht, Leben zu geben und zu bewahren, nicht auf Kosten von anderen, sondern gemeinsam mit anderen.

Solche tiefen Umwälzungen der Werte einer Gesellschaft, funktionieren natürlich nicht ohne tiefgreifende theologische Veränderungen. Das Handeln der Herrschenden muss ethisch internalisiert werden, dies geht nur über eine Veränderung des göttlichen Bildes. Und so ist es kein Wunder, dass mit Beginn des Patriarchats die ersten männlichen Götter auftauchten, die ersten Priester und immer mächtigere Tempelanlagen, später dann die riesigen Kirchen und Moscheen, eines mächtigen Manngottes würdig. Waren die Menschen früher eins mit dem Göttlichen, mit der Göttin, wussten sie sich eins mit der Natur und waren eingebunden in einen kosmologischen Zyklus, so erfolgte nun eine Trennung zwischen dem Sakralen und dem Profanen. Ein männlicher Gott bedeutet männliche Macht. Diese Macht muss auch nach außen zur Schau gestellt werden.

Das in die Natur eingebundene zyklische Weltbild wurde ersetzt durch ein lineares Weltbild, das die Möglichkeit bereithält, immer höher hinauszuwachsen. Die Linie hat vielleicht einen Anfang, aber hat sie auch ein Ende? Theoretisch kann sie in die Unendlichkeit hinauswachsen. Auf diesem linearen Weltbild beruht der ewige »run« der heutigen Industrie- und Dienstleistungsgesellschaften nach immer mehr Wirtschaftswachstum, exponentiellem Wirtschaftswachstum. Unser Leben ist so abstrakt geworden, dass wir gar nicht mehr wissen, dass natürliches Wachstum niemals unendlich ist, dass Wachstum in einer Kurve verläuft, die irgendwann ihren Höchstpunkt erreicht, um sich dann wieder zu senken. Wachstum und Absterben sind zwei Prozesse, die zusammengehören. Leben ist an Tod gekoppelt, wir können den Tod nicht vom Leben abkoppeln. Ungebremstes Wirtschaftswachstum gibt es nicht, darf es nicht geben, denn es wäre das Ende. Würden alle Menschen auf der Welt die Menge an natürlichen Ressourcen verbrauchen, die die als Vorbilder rangierenden »weit entwickelten Industriestaaten«, allen voran die USA, täglich für sich verbrauchen, so würde das Leben auf der Erde innerhalb kürzester Zeit kollabieren. Am Ende stünde der Tod von Mutter Erde und damit das Ende allen Lebens. Das Patriarchat führt uns auf den besten Weg dorthin.

Zusammenfassend ist zu sagen, dass entgegen der landläufigen Meinung mit der Entstehung des Patriarchats nicht die Zivilisation begann, denn die wirklich wichtigen zivilisatorischen Errungenschaften gab es schon vorher. Vielmehr ist mit der Entstehung des Patriarchats aufs Engste die Barbarei verbunden, in Form der Einführung des Massenmords durch Krieg und der im Laufe der Jahrtausende immer perfideren Entwicklung von Waffen. Weiterhin begann mit dem Patriarchat die Unterdrückung anderer Menschen, z. B. in Form von Sklavenhaltung in all ihren Schattierungen, und die theologisch determinierte Inferiorisierung des Weiblichen einschließlich der Degradierung der Natur mit ihrer engen Verbindung zum Weiblichen. Die Ausbeutung der Ressourcen der Erde ohne Rücksicht auf die Umwelt ist dann nur die logische Konsequenz des Systems. Patriarchat ist immer vermeintlich gut für einige wenige, während es hingegen für die meisten Menschen schlecht ist, angefangen von den Frauen und den Kindern, aber auch für die Mehrheit der Männer, die diesem System der Gewalt ebenso ausgesetzt sind. Wie viele Männerleben wurden geopfert von irgendeinem Herrscher zur Befriedigung seiner Machtgelüste, wie viele Frauen wurden zu Witwen gemacht, wie viele Kinder zu Waisen? Wie viel unnötiges Leid entstand auf der Erde durch Unterdrückung, Ausbeutung und Krieg? Wurde in matriarchalischen Zeiten das Leid im Wesentlichen durch Umwelteinflüsse, Naturkatastrophen, Krankheiten und Tod verursacht, der aber durch den Glauben an die Wiedergeburt in seinem Abschied wesentlich milder ausfiel, so potenzierte sich mit Beginn des Patriarchats das Leid in der Welt. Ein Leben als Sklave, ein Leben in Unterdrückung, ermöglicht durch das neue Paradigma der Gewalt gegenüber dem Schwächeren, ist ein schlechtes Leben. Der Kampf ums Überleben, den es sicherlich immer gab, doch nun nicht mehr als gemeinschaftlich zu lösende Aufgabe, sondern als Paradigma des Wettbewerbs und des Konkurrenzstrebens verstanden, erzeugt einen unnötigen psychischen Druck. Dies ist eine andere Form der Gewalt, sie zerstört die Solidarität und die Gemeinschaft und führt zur Isolierung der Einzelindividuen.

Dies ist aber nicht im Sinn der Schöpferin des Lebens, denn Einsamkeit macht krank. Reden nicht alle, die oben in der Herrschaftspyramide angekommen sind, von der Einsamkeit, von der sie dort oben umgeben sind? Als logische Schlussfolgerung besteht unsere ökonomische und politische Führungselite also aus einsamen, kranken Männern, denen die Weisheit abhanden gekommen ist. Dass es bei diesem System immer wieder zu Exzessen kommt und eine Pseudodemokratie in eine Diktatur übergeht, wie wir es in Europa durch die Regime von Hitler und Stalin hautnah miterleben konnten, aber auch überall in der Welt immer wieder demonstriert bekommen, ist systembedingt und daher jederzeit wiederholbar. Wenn wir Konkurrenzstreben als unumstößliches Paradigma einer Pseudozivilisationsgesellschaft anerkennen, wenn wir diesen Wert immer wieder schon in unseren Kindern internalisieren, so wird es wieder einen Hitler geben, vielleicht nicht in Europa, aber anderswo auf der Welt, wahrscheinlich garniert mit dem Willen Gottes. Wir sollten uns darüber im Klaren sein, dass Konkurrenzstreben letztendlich immer nur bedeutet, den anderen zu besiegen. Gerechtigkeit ist von einem solchen Paradigma nicht zu erwarten, keine spirituelle Gerechtigkeit und keine kosmische Gerechtigkeit.

## *Brief der Zwangsarbeiterin Celina Tomkiewicz nach Gnesen*

Geschrieben während der Bombardierung Bremens am sechsundzwanzigsten April neunzehnhundertfünfundvierzig, dem Tag der Befreiung.

Liebe Eltern es geht mir gut
Ich liege in schwarzem, erbrochenem Blut
Es könnte alles nicht feiner sein
Die zerschnittene Zunge klebt mir am Bein
Die Arme sind beide vom Rumpf getrennt
Ob mich das Schwesterchen wiedererkennt

Liebe Eltern, wie ist mir wohl
Die Höhlen der Augen sind rußig und hohl
Nimmer noch war mir so wunderbar
Die Haut ist ein Streifenkleid und mein Haar
Ist schwarz in die Feste des Schädels gebrannt
Der fortgesprengt nistet in meiner Hand

Liebe Eltern, wie bin ich beschenkt
Was alles aus meiner Bauchdecke hängt
Wer kann sein Fell schon gewendet sehn
Die schwarzen Sturzbäche, Vater, stehn
Mit einemal still, sind krustige Spuren
(Darüber am Nachmittag Befreier fuhren)

Liebe Eltern, wie bin ich froh
Mein Fleisch ist unter Blasen roh
Wie mag man es besser treffen als ich
Du küsst die Bombe, die Bombe küsst dich
Dort dieses Schwarze ist, Mutter sieh
Was der leidliche Mann, der's mit ansah, spie

Liebe Eltern, ich schließe hier
Entschuldigt bitte das Briefpapier
Ich habe nichts als Stück schwarze Haut
Wünsche, dass euch nicht allzusehr graut
Als Tinte dient mein »Pollackenblut«
Liebe Eltern, mir geht es gut.

(Klaus Schiller, zit. aus: junge Welt, Nr. 293 vom 16.12.2005)

# Blut – nichts als Blut

Krieg und Gewalt, verbunden mit Unterdrückung und Ausbeutung, das sind die Grundlagen des Patriarchats. Damit einher geht immer eine Hierarchisierung und insbesondere eine Abwertung des Weiblichen und der Natur. Der Chef ist mehr wert als der Arbeiter, der Mann steht über der Frau, das Künstliche, das Technische wird höher bewertet als das Natürliche. Wenn die Wurzeln eines Baumes schon morsch und faul sind, so kann auch oben nichts Gescheites dabei rauskommen. Wie sollte es beim Patriarchat anders sein. Schauen wir uns die Geschichte seit der Antike an, die uns als Meisterwerk zivilisatorischer Entwicklung vorgeführt wird, so kann eine nur das Grausen packen. Unter Zivilisation verstehen wir immer europäische und westliche Zivilisation. Und damit ist immer die Herrschaft und Überlegenheit des weißen Mannes gemeint: über fremde Völker, über die Frauen und ihre Leibesfrüchte und über die Natur. Das bedeutet, dass unsere angebliche Zivilisation bis auf den heutigen Tag militärisch, ausbeuterisch, hierarchisch, rassistisch und sexistisch ist. Die Ideologie unserer Zivilisation ist bis auf den heutigen Tag die des Kriegers. Maria Mies schreibt dazu in dem Buch »Subsistenz und Widerstand«, S.26:

»Im Gegensatz zur lebensspendenden und lebenserneuernden Macht der Mutter liegt die Macht des Kriegers in der Tatsache begründet, dass er fähig ist, nicht nur pflanzliches und tierisches, sondern auch menschliches Leben zu zerstören, um die Vorherrschaft zu erlangen. Die Logik, die aus dieser Systematisierung von Krieg und Eroberung entsteht, lautet: Er, der tötet, ist! Sie, die Leben schenkt, ist nicht!«

Schon in der Schule hasste ich es, Geschichtszahlen auswendig zu lernen, die mir immer schon als Abfolge von männlichen Grausamkeiten vorkamen – denn Frauen kommen im Geschichtsunterricht ja, der obigen Logik zufolge, nicht vor –, uns aber perverserweise als heroische Heldentaten verkauft wurden. Im Gedächtnis geblieben ist mir daher auch nur eine einzige Geschichtszahl, die aber für sich genommen schon alles aussagt: »Im Jahre 333 gab es bei Issos eine große Keilerei.« Dem ist doch nichts mehr hinzuzufügen: Unsere Geschichte eine einzige Abfolge von Schlachten, Morden, Brandschatzen, Terror und legitimierten Vergewaltigungen, von Vater Staat und der »Kirche des Herrn« sanktioniert.

Doris Wolf schreibt in ihrem Buch »Was war vor den Pharaonen« in einem Kapitel das mit einem Zitat aus dem 2. Buch Mose, »Der HERR ist der rechte Kriegsmann. HERR ist sein Name« überschrieben ist, Folgendes:

»Die schriftlich dokumentierte, d. h. die sogenannte geschichtliche Zeit umfasst ungefähr die letzten fünf Jahrtausende. Sie ist aufgrund der Erkenntnisse der Urgeschichtsforschung das grauenvollste Zeitalter, das die Menschheit seit ihrem Bestehen erlebt hat. Bereits im 5. Jahrtausend beginnen in Osteuropa nomadisierende Männerhorden friedliche Territorien zu überfallen und zu beherrschen. Waffengewalt wurde bald zum wichtigsten Mittel, sich Frauen – und damit Landbesitz und Reichtum – zu verschaffen, denn nur die Töchter waren in dieser Zeit erbberechtigt. Im späten 4. Jahrtausend wurden Kriege zum Zwecke von Landeroberungen und als Mittel der Machterhaltung institutionalisiert. Es ist dies der Beginn der Vernichtung der urgeschichtlichen, frauenzentrierten Kulturen und der damit verbundenen Abwertung und Unterdrückung der Frau sowie des zerstörerischen ›Fortschritts‹, vor allem auf dem Gebiet der Vernichtungs-Technologie. Mit einem Satz: ›eines 5 000 Jahre währenden Albtraumes, aus dem es für diesen Planeten Zeit ist zu erwachen‹ (James Joyce).« (S. 19)

»Die norwegische Akademie der Wissenschaften hat errechnet: Seit dem Jahr 3600 v. u. Z. bis heute fanden insgesamt 14 513 Kriege statt. Dabei gab es drei Milliarden 64 Millionen Tote. Nur 292 dieser rund 5 600 Jahre waren ohne Krieg. Vom Jahr 650 v. u. Z.

bis heute gab es 1656 Versuche, durch Wettrüsten den Frieden zu bewahren. Sie führten 1640-mal zum Krieg, in den restlichen 16 Fällen zum wirtschaftlichen Ruin der Beteiligten«. (Wollenschläger, zit. in Wolf: »Was war vor den Pharaonen?«, S. 19).

Wenn wir auch die Kriege seit Beginn des Patriarchats kaum zählen können, so können wir uns doch mit ein paar Früchten unserer hochgelobten Zivilisation beschäftigen, mit den künstlichen, technischen Innovationen, die wirklich alle Merkmale einer höheren Intelligenz haben, allerdings einer fehlgeleiteten Intelligenz – ratio ohne emotio.

Die erste schriftlich erhaltene Beschreibung einer Schlacht finden wir in den Tempelanlagen von Karnak in Luxor. Es ist die Aufzeichnung vom Sieg Thutmosis III. bei Megiddo, dem Armageddon, interessanterweise ein Ort, der auch in der Apokalypse immer wieder Erwähnung findet. Seitdem wird Krieg immer mehr zur Normalität, zur Norm, dem der angeborene, nicht zügelbare natürliche Aggressionstrieb, insbesondere des männlichen Geschlechts, zugrunde liegt. Und es scheint selbstverständlich zu sein, dass diesem allgewaltigen Trieb zu töten genügend Raum gegeben werden muss. Er muss ausgelebt werden, es könnte ja sonst zu einem Triebstau kommen.

Begleitet wurden all diese Kriege, die immer nur kurzfristig von Friedenszeiten unterbrochen wurden – wahrscheinlich zur Regeneration der nächsten Generation Kanonenfutter –, von der hochintelligenten und immer effizienteren Entwicklung von Waffen: Messer, Lanzen, Speere, Schwerter, Rüstungen, Kanonen, Revolver, Granaten, Folterinstrumente, Maschinengewehre, dann Bomben, Minen, Atombomben, Wasserstoffbomben etc., alles ein wahres Feuerwerk der kreativen männlichen Phantasie, denn Frauen haben anscheinend nicht an diesem Fest der Entwicklungen teilgenommen, jedenfalls ist mir keine bekannt. Von den Frauen ist vielmehr bekannt, dass sie das, was ihre Männer vernichteten – angeführt und in die Irre geleitet von irgendwelchen

Heerführern –, versuchten, immer wieder aufzubauen. Einmal natürlich als Trägerinnen der Reproduktion, sprich durch Mutterschaft, was ja von verschiedenen Führern in der Weltgeschichte auch immer wieder politisch, d. h. für kriegerische Absichten ausgeschlachtet wurde. Aber es gab auch Frauen wie Florence Nightingale, eine der ersten Frauen, die als Krankenschwester im Krieg Dienst taten. Dank ihrer revolutionierenden Einflüsse konnte z. B. die Sterblichkeitsrate im Krimkrieg bei Verwundeten um 43 % drastisch gesenkt werden.

Das erste Sturmgewehr, das entwickelt wurde, ist das deutsche STGw 44, das von der Wehrmacht 1944 eingeführt wurde. 1947 folgte dann die berüchtigte Kalaschnikow. Aus militärischer Sicht ist übrigens eine Waffe, die verwundet, besser als eine, die tötet, denn der verwundete Kamerad bindet zwei weitere Soldaten, da sie ihn retten und versorgen müssen. Aus diesem Grund sind auch Antipersonenminen so beliebt.

Um die Kunst der Kriegsführung effektiver, d. h. tödlicher, zu gestalten, sah man sich gezwungen, psychologische Trainingsprogramme durchzuführen. Man hatte nämlich festgestellt, dass im Zweiten Weltkrieg nur 15 – 20 % der Soldaten auf den Feind schossen, und das auch nur, wenn man es ihnen befahl. General Marshall stellte zudem fest, dass die Soldaten für die Rettung eines Kameraden mehr taten, als dafür, einen anderen Soldaten zu erschießen. Durch Trainingsprogramme in den folgenden Jahren wurden die Soldaten deshalb geschult und darauf vorbereitet, den Gegner zu erschießen. Im Koreakrieg schossen dann schon 55 % der Soldaten gezielt und bis zu 95 % im Vietnamkrieg. Was für ein Erfolg!

Im Ersten Weltkrieg wurde im Grabenkrieg gegen Frankreich Giftgas eingesetzt. Die Granaten hatten verschiedenfarbige kreuzförmige Markierungen: Das weiße Kreuz stand für Bromverbindungen, nicht tödliche Reizgase, das grüne Kreuz für Lungengifte, die den Tod durch Lungenödeme verursachten. Das blaue Kreuz stand für Gase, die die Atmungssteuerung zum Erliegen bringen, das gelbe für Gase mit gefährlich ätzender Wirkung wie z. B. Senfgas.

Die größte konventionelle Bombe der Welt war lange Zeit die sog. »Daisy Cutter Bombe« mit 6750 Kilogramm Gewicht. Eine Daisy Cutter Bombe kostet pro Stück 30 000 € und hat die Ausmaße eines Kleinwagens. Im Umkreis von 600 Metern übt die Bombe eine absolut tödliche Sprengkraft aus. Die Daisy Cutter wurde während des Vietnamkriegs entwickelt, um in Dschungel schnell Landezonen für Hubschrauber zu schaffen. Die Waffe kam auch 1991 im Golfkrieg zum Einsatz.

Die neue »größte Bombe der Welt« ist mittlerweile die MOAB, eine modernisierte Version der BLU 82 Daisy Cutter. Sie wird scherzhaft mit »Mother Of All Bombs« übersetzt, heißt aber in Wahrheit »Massive Ordnance Air Blasr Weapon«.

Nach den A-, B- und C-Waffen werden nun E-Waffen entwickelt (D-Waffen haben sie wohl vergessen). E-Waffen sind elektromagnetische Waffen, die alles, was mit Strom zu tun hat, deaktivieren, beschädigen oder zerstören. Besonders zielt man natürlich auf Computer, Schaltkreise und Schaltzentralen. Gerne werden diese Waffen als saubere, nicht tödliche Waffen propagiert. Das man elektronische Bauteile ausschalten kann, entdeckte man bei früheren oberirdischen Atombombenversuchen. Bei einer Nuklearexplosion wird nämlich neben der radioaktiven Strahlung ein elektromagnetischer Impuls (EMP) freigesetzt. Wird eine A-Bombe in großer Höhe, fast außerhalb der Atmosphäre, gezündet, fallen in einem weiten Bereich elektronische Geräte auf der Erdoberfläche aus. Seit 1980 forscht man nun an elektromagnetischen Pulswaffen, die keine Kernwaffenexplosion benötigen.

Die Techniker erfanden auch die Hochleistungs-Mikrowellenwaffen, die sogenannten High Power Microwaves Weapons (HPM). Diese Waffen haben Koffer- bis LKW-Größe und bestehen aus einer Energiequelle, einem Pulsgenerator, einer Hochfrequenzröhre und einer Antenne. Ergebnis dieser Konstruktion sind sehr kurze und starke elektromagnetische Impulse, die die elektronischen Bauteile beschädigen, aber den Menschen nicht beeinträchtigen. Eine gute Waffe, sagt Mann, glaubt Frau!

Vermutlich besitzen die USA raketengestützte HPM-Waffen und die russische Firma Rosoboronexport verkauft seit 1998 kleinere HPM-Waffen zum Schnäppchenpreis von 150 000 €. Die Uraniumbombe, die am 6. August 1945 über Hiroshima abgeworfen wurde, hatte den Codenamen »little boy«. Sie detonierte in 580 Metern Höhe über dem Stadtzentrum von Hiroshima, genau über einem Krankenhaus.

Die Plutoniumbombe, die am 9. August 1945 über Nagasaki abgeworfen wurde, hieß »fat man«.

Die UdSSR zündete ihre erste Atombombe am 29. August 1949.

Bei den überirdischen Atombombentests wurden 200 000 Soldaten verstrahlt. Ab 1963 wurden Atombomben nur noch unterirdisch getestet, so z. B. von der französischen Regierung im Südpazifik. An den Folgeschäden, wie verstrahlte Lebensmittel, eine extrem gestiegene Rate von Fehlgeburten und Missbildungen bei Neugeborenen, leidet die einheimische Bevölkerung bis heute.

Am 1. März 1954 zündeten die USA auf dem Bikini-Atoll im Pazifik die Kernwaffe »Bravo«, die größte ihrer Wasserstoffbomben. Ihre Sprengkraft entsprach 20 Megatonnen TNT. »Bravo« hinterließ an ihrer Detonationsstelle einen 76 Meter tiefen Krater und die Insel, die zuvor da war, war verschwunden.

Die größte Wasserstoffbombe mit einer Sprengkraft von schätzungsweise 55 Megatonnen TNT zündete 1961 die Sowjetunion auf der Nordmeer-Insel Nowaja Semlja.

US-Mediziner haben 2002 die möglichen Folgen einer Atombombenexplosion im Hafen von New York berechnet und im »British Medical Journal« veröffentlicht. Eine Atombombe mit einer Sprengkraft von 12,5 Kilotonnen würde 250 000 Menschen töten. 52 000 würden sofort durch die Druckwelle und die Hitze umgebracht, 10 000 würden später an Verstrahlung sterben, der radioaktive Niederschlag könnte weitere 200 000 Menschen töten.

(Die Informationen über Waffen stammen aus »Die W-Akten: Bildung die keiner braucht«, www.w-akten.de/kriegundfrieden.phtml).

Dies sind nur ein paar »Highlights« unserer hochentwickelten Intelligenz. Dass dabei kein Geld mehr für lebenserhaltende Arbeit, für die Hausarbeit, die Erziehungsarbeit, die Ganztagsbetreuung, die Ausbildung von Kindern bleibt, muss frau doch verstehen. Versteht frau ja auch, denn jede weiß doch im Grunde ihres Herzens, dass in jedem Mann ein Kind steckt, und welche wollte den Männern schon ihr heißgeliebtes Spielzeug wegnehmen?

Tatsache ist jedenfalls, dass die Kriege zunehmend Zivilisten treffen. 90 % der Kriegstoten sind heute schätzungsweise Zivilisten – davon sind zu 80 % Frauen und Kinder betroffen –, da die Kriege nicht mehr außerhalb auf dem Schlachtfeld von Mann zu Mann ausgetragen werden, sondern anonym mit zunehmender Zerstörungskraft von Bomben. Zum Krieg gehören aber auch immer mehr Vergewaltigungen als bewusst angewandte Waffe: 1993 wurden rund 50 000 bosnische Frauen Opfer von Vergewaltigungen, in Ruanda wurde 1994 über eine halbe Million Frauen vergewaltigt und für die aktuelle Situation in Darfur gibt es zwar noch keine konkreten Zahlen, es ist aber anzunehmen, dass die Situation für die Frauen dort dramatisch ist.

Die Gewalt gegen Frauen ist aber auch außerhalb von Kriegsgebieten sehr kritisch. So werden in Südafrika beispielsweise in einem Jahr eine Million Frauen vergewaltigt, in den USA werden im selben Zeitraum zwei Millionen Frauen von ihrem Lebenspartner schwer misshandelt, in Russland sterben 14 000 Frauen jährlich an den Folgen körperlicher Gewalt, in Indien gibt es rund 7 000 »Mitgiftmorde« pro Jahr, im nördlichen Afrika fallen rund 5 000 Frauen im Jahr einem »Ehrenmord« zum Opfer, meist weil sie vergewaltigt wurden und damit angeblich »Schande« über die Familie gebracht haben sollen. In den Regionen südlich der Sahara werden jährlich zwei Millionen Frauen Opfer einer Genitalverstümmelung.

Aber die Gewalt gegen Frauen beginnt schon, bevor sie geboren werden. In südlichen Regionen, besonders in bestimmten Gegenden Indiens und Chinas »fehlen« insgesamt 60 Millionen Mädchen, weil weibliche Föten selektiv abgetrieben werden. In bestimmten Regionen Chinas beträgt das Verhältnis geborener Jungen zu Mädchen 140 zu 100, normal sind 103 zu 100. Die Gewalt geht bei Kindern weiter. In Süd- und Südostasien sowie in Teilen Osteuropas werden jährlich zwei Millionen Mädchen zwischen 5 und 15 Jahren entführt und als Sexsklavinnen misshandelt. In Südafrika ist die Wahrscheinlichkeit für ein Mädchen, lesen zu lernen, geringer, als die Wahrscheinlichkeit, vergewaltigt zu werden. Hierzu trägt auch der dort verbreitete Mythos bei, Sex mit einer Jungfrau könne von AIDS heilen.

Blut, nichts als Blut überall. In 90 % der Schreckenstaten sind Männer die Täter, Männer, denen niemand die Grenzen setzt. Wir, die Mütter, haben die Nase voll davon, wir haben die Nase voll davon, Kinder zu gebären, sie mit viel Mühe aufzuziehen, um dann ohnmächtig zuzuschauen, dass diese Kinder Opfer von Gewalt werden – benutzt von irgendwelchen Ideologen, politisch patriotisch oder religiös demagogisiert. Es ist Zeit, einen Schlussstrich zu ziehen unter dieses System, es ist höchste Zeit, denn wir haben viel zu lange zugeschaut, in Stille um unsere Toten geweint, uns aber dem scheinbar unvermeidbaren System hilflos gebeugt. Doch wir sind nicht hilflos, denn die Schöpferin hat uns wohlweislich das Geheimnis des Lebens anvertraut, auf das wir es bewahren. Beenden wir endlich die Ohnmacht und nutzen unsere Macht!

# Das Verhältnis der monotheistischen Religionen zur Göttin

Um all die Ungeheuerlichkeiten, die das Patriarchat so mit sich bringt, zu legitimieren, braucht Mann natürlich eine höhere Instanz, im Namen derer die Untaten des Patriarchats sanktioniert werden. Und so wurde mit der Unterwerfung des Matriarchats der männliche Gott eingeführt. Es begann mit den Heroskönigen, die sich in männliche Götter verwandelten, aber noch matriarchalischen Charakter hatten, wie z.B. Dumuzi und Tammuz von Sumer oder Osiris von Ägypten. Es ging weiter mit den männlichen Göttern, die die Göttin oder ihren Gott/Herosgeliebten bekämpften und zerstückelten, wie z.B. der Gott Marduk im sumerischen Ur die Göttin Tiamat oder der Gott Seth im Alten Ägypten den Osiris. Dann gab es auf einmal männliche Götter, die sich den Geburtsvorgang zu eigen machten und mangels geeigneter Organe aus dem Kopf gebaren, wie z.B. der große Zeus der Griechen. Und in diesen Zeiten des religiösen Umbruchs erschien auch plötzlich JHWE (Jahwe), der erste monotheistische Gott, der die Göttin komplett abschaffte, aber ihre mächtigen Funktionen absorbierte, angefangen von der Schöpfung:

»Im Anfang schuf Gott die Himmel und die Erde … Und Gott der Herr sprach: Es ist nicht gut, dass der Mensch allein sei, ich will ihm eine Hilfe machen, die ihm entspricht … Da ließ Gott einen tiefen Schlaf auf den Menschen fallen, so dass er einschlief. Und er nahm eine von seinen Rippen und verschloss ihre Stelle mit Fleisch; und Gott, der Herr, baute die Rippe, die er von dem Menschen genommen hatte, zu einer Frau, und er brachte sie zum Menschen. Da sagte der Mensch: Diese endlich ist Gebein von meinem Gebein und Fleisch von meinem Fleisch; diese soll Männin heißen, denn vom Mann ist sie genommen.« (1. Buch Mose)

Dieser männliche Schöpfungsgott wird uns in den biblischen Schriften vorgestellt, und zwar sowohl in der hebräischen Bibel der Juden, als auch im Alten Testament der Christen. Die hebräische Bibel, der Tanach, ist die Heilige Schrift der Jüdischen Religion. Er besteht aus drei Teilen: der Thora (»Weisung«), den Neviìm (Propheten) und den Ketuvim (Schriften). Die Thora beinhaltet die 5 Bücher Mose. Die Neviìm werden in die frühen Prophetenbücher (Josua, Richter, Samuel, Könige) und die späten Propheten unterteilt. Die späten Prophetenbücher umfassen Jesaja, Jeremia, Ezechiel sowie die 12 kleinen Propheten Hosea, Joel, Amos, Obadja, Jona, Micha, Nahum, Habakuk, Zefanja, Haggai, Zacharija und Maleachi. Die Ketuvim entstanden nach jüdischer Tradition in der Zeit des babylonischen Exils. Hier werden die Psalmen, das Buch der Sprichwörter, Hiob (Jjob), das Hohelied, Rut, die Klagelieder, Kohelet, Ester, Daniel, Esra, Nehemia und die Chronik ausgeführt. Die hebräische Bibel ist also in weiten Teilen gleich zu setzen mit dem Alten Testament der christlichen Religion. Diese Schriften vermitteln uns den Eindruck, sie seien am Anfang der Welt in Gottes Auftrag geschrieben worden. Und mit diesem Trick prägen sie bis zum heutigen Tag in weiten Teilen der Welt einen männlichen Gott als einzigen religiösen Archetyp, obwohl die »Anfänge der biblischen Schriftlegung gerade ins 6. Jahrhundert v. u. Z. zurückgehen«, schreibt Gerda Weiler in ihrem wegweisenden Werk: »Das Matriarchat im Alten Israel«, S. 28. Die Autorin, die sich intensiv mit dem Alten Testament auseinandergesetzt hat, kommt zu dem Schluss, dass es einen Urmonotheismus, wie uns die biblischen Schriften weismachen wollen, nachweislich nie gegeben hat. Sie schreibt dazu zusammenfassend: »Wir werden entdecken, dass es keinen patriarchalen Urmonotheismus gibt, dagegen eine ursprüngliche Verehrung der weiblichen hervorbringenden Kraft, die universell gewesen ist.« (S. 88) Und etwas später fährt sie fort: »Wenn wir uns ernstlich auf die Suche begeben nach dem einen Großen Schöpfergott der Bibel, so begegnen uns mindestens deren drei. JHWH, El und El-Saddai. Daneben kennt die Bibel noch eine solche Fülle von

Göttern, dass sie ausreichen würden, um ein ganzes Pantheon zu bevölkern.« (S. 90)

Mit einem männlichen Schöpfungsgott wird die spirituelle Grundlage gelegt für die Degradierung des Weiblichen, indem sich ein männlicher Gott, dem offensichtlich alle Schöpfungsorgane fehlen, zum Schöpfer der Welt erklärt, obwohl das Männliche niemals Ursprung und Grundlage des Lebens sein kann. Dieser selbstinthronisierte Manngott reduziert dann noch die Frau, der diese Rolle bis auf den heutigen Tag zufällt, zur Gehilfin des Mannes. Im 1. Buch Mose wird außerdem der Diffamierung der Frau Vorschub geleistet, indem ihr die sogenannte Erbsünde aufgrund des angeblichen Ungehorsams gegenüber diesem absolutistischen Gott zugewiesen wird. Kein Wunder, dass auf dieser Grundlage orthodoxe Juden bis heute Jahwe täglich dafür danken, nicht als Frau geboren worden zu sein, und dass Katholiken bis zum heutigen Tag glauben, dass ein nicht getaufter Säugling aufgrund dieser Erbsünde nicht in das »Reich Gottes« gelangen könne. Neben der Herabsetzung der Frau wird mit der Vertreibung aus dem Paradies gleichzeitig auch die Grundlage gelegt für die Degradierung der Erde und der Natur, und zwar durch die Aufforderung dieses Vatergottes, sich die Erde »untertan« zu machen. Ein Aufruf zur Ausbeutung par excellence!

In den Schriften der ersten fünf Bücher Mose, die nicht nur das Fundament des Judentums und des Christentums bilden, sondern auf die sich auch der Islam beruft, wird die Herrschaftsmacht des Mannes über die Frau und über die Natur legitimiert. Untermauert wird dieser Herrschaftsanspruch noch, wie Christa Mulack in ihrem Buch »Religion ist zu wichtig um sie den Männern zu überlassen« schreibt, »durch den Absolutheitsanspruch männlicher Göttlichkeit, die alles zum Götzen erklärt, was dieser männlichen Macht nicht huldigt.« (S. 7) In einem späteren Kapitel führt die Autorin weiter aus: »Der Gott aber, der als HERR den Mord legitimiert und den Menschen die eigene Erkenntnis von Gut und Böse verbietet, galt fortan als Ethische Instanz, als Repräsentant des höchsten Wertes und als Verfechter des nunmehr geltenden ›Guten‹. Sein Motto: ›Wer ihn verehrt, darf leben, wer ihn lästert, soll sterben‹ (3. Mose 24,16)«, (S. 29). Kein Wunder, dass auf diesem Fundament der Fundamentalismus immer wieder seine bizarren Blüten treibt. Wie naiv sind wir eigentlich, einem solchen Gott ethisch zu folgen?

Nun kann eine Christin natürlich einwenden, das Alte Testament ist doch durch Jesus überwunden worden. Sicherlich trägt Jesus, wie ich später noch zeigen werde, matriarchalische Züge, aber die inferiorisierende Haltung der Bibel gegenüber der Frau hat sich auch im Neuen Testament nicht geändert. So schreibt Paulus in seinem 1. Brief an die Korinther, Kapitel 7:

»Es ist allerdings empfehlenswert für einen Mann, eine Frau überhaupt nicht zu berühren«, um dann in Kapitel 11 fortzufahren: »Ich will euch aber wissen lassen: Das Haupt jedes Mannes ist Christus, des Weibes Haupt ist der Mann, und für Christus ist das Haupt Gott ... Der Mann braucht nicht sein Haupt zu bedecken, weil er Gottes Abbild und Ehre darstellt. Die Frau aber ist des Mannes Abbild; denn der Mann ist nicht aus der Frau gebildet, sondern die Frau aus dem Mann. Auch wurde der Mann nicht um des Weibes willen erschaffen, sondern die Frau um des Mannes willen.«

Wer glaubt denn so etwas noch, in unserer aufgeklärten Welt der Evolutionstheorie, wo die Wissenschaft die Welt regiert? Aber wir sollten uns nicht täuschen, denn die Zahl der Anhänger monotheistischer Religionen nimmt zu. Bei uns schrumpfen die Kirchen vielleicht, aber weltweit wächst die Zahl derer, die sich zum Christentum oder zum Islam bekennen. Während das Judentum zahlenmäßig nur eine geringe Rolle spielt, stellt das Christentum zur Zeit noch mit ca. zwei Milliarden Anhängern die stärkste Glaubensfraktion, mit starken Zuwächsen in Afrika und in Amerika. So lebten im Jahr 1900 10 Millionen Christen in Afrika. Heute gibt es dort bereits 360 Millionen, d. h. jeder zweite Afrikaner ist heute ein Christ. Durch die hohe Geburtenrate kann mit steigender Tendenz gerechnet werden. Die am schnellsten wachsende Glaubensgemeinschaft ist aber, ebenfalls durch eine hohe Geburtenrate, die der Moslems. Heute gibt es bereits 1,3 Milliarden Moslems auf der Erde, mehr oder weniger fundamentalistisch, und dass dort das Weibliche meist nicht sehr hoch geschätzt wird, kann eigentlich keine übersehen. Aber sagen oder gar schreiben darf eine dass natürlich nicht, im Sinne von Multikulti und Völkerverständigung …

Der Islam, als die jüngste der drei monotheistischen Religionen, führt die Patriarchalisierung der Manngottvorgängerreligionen konsequent fort und setzt ihr in seiner heutigen fundamentalistischen Ausprägung die Krone auf. Von der Göttin keine Spur mehr, denkt Mann. Auch wenn wir dem Koran zu gute halten müssen, dass er die Schöpfung des Menschen im Gegensatz zur Bibel als Paar beschreibt und auch bei der Vertreibung aus dem Paradies nicht einseitig der Frau die Schuld gibt und damit die Erbsünde nicht kennt, so erleben wir doch im heutigen praktizierten Islam überwiegend die männliche Macht über die Frau in seiner höchsten lustvollen Form! Und dieser Islam ist dabei, die ganze Welt zu erobern mit seiner wirksamen Doppelstrategie:

- Mache dir die Macht der Frauen, nämlich die Macht zu gebären, zu Nutze. Sperre sie dazu ein, damit du genau weißt, dass die Kinder, die geboren werden, deine eigenen sind. Schließe die Frauen von jeglicher Bildung aus, damit du sie wirksam manipulieren kannst. Entwickle ein Gottesbild, dass die Frauen unterordnet – die hohe Spiritualität von Frauen wohleinkalkulierend –, damit du sie machtvoll beherrschen kannst. Mann, der du dies tust, du bist wirklich ein gottgefälliger heiliger Mann. Noch heiliger wirst du allerdings bei der Anwendung von Strategie 2.
- Zieh in den Dschihad, zieh in den Heiligen Krieg, ermorde alle Ungläubigen, so hilfst du Allah seine erste Sure im Koran zu erfüllen: »Im Namen Allahs, des Barmherzigen, Lob und Preis sei Allah, dem Herrn aller Weltenbewohner«.

Diese kriegerischen Strategien zur Unterdrückung von Frauen (und auch die zur missionarischen Ausbreitung der eigenen Machtsphäre) wurden aber beileibe nicht nur vom Islam, sondern in den letzten zweitausend Jahren von allen patriarchalischen Religionen angewandt:

- Sperr die Frauen in ihre Häuser, trenne sie von ihrer eigenen Gemeinschaft, lass sie nicht in die Öffentlichkeit, so hast du Kontrolle über deine eigenen Nachkommen. Das Ergebnis ist das heilige Sakrament der monogamen Ehe, wobei monogam natürlich nur für die Frauen gilt.
- Wandle das ehemalige matrilineare Erbrecht in ein patrilineares um, kombiniere es mit der akkumulierenden Wirkung von Geld – und du setzt Frauen in ihren Wirkungsmöglichkeiten Schach Matt, denn ohne Geld geht nichts mehr in dieser patriarchalen Welt.
- Nimm den Frauen ihr Selbstbewusstsein, indem du ihnen immer wieder sagst, wie dumm sie eigentlich sind, nimm ihre gesellschaftliche Leistung penetrant nicht wahr – und sie werden zu einem Nichts. Das ist die Kunst der sich selbst erfüllenden Prophezeiung.
- Am wichtigsten aber ist es, den eigentlichen Machtbereich der Frauen, den Mutterschoß, zu besudeln und zu diffamieren, schön verpackt in den Willen Gottes – und als Folge davon hast du die Erbsünde, die jedes geborene Menschenkind besudelt, du hast das unreine Menstruationsblut, dass jeden Mann besudelt.
- Wenn dies alles nichts nützt, so kannst du ja zu sadistischeren Methoden greifen, wie Feuertod etc. – von wie viel Frauen noch einmal? Die Zahl mussten wir leider verschleiern, 9 Millionen in drei Jahrhunderten, nein das kann nicht sein, das ist bestimmt eine Lüge.

Der männlichen Phantasie waren jedenfalls keine Grenzen gesetzt, wenn es die letzten Jahrtausende darum ging, das Weibliche herabzusetzen, aber sie hatten und haben ja auch die göttliche

Legitimation: »… nach deinem Mann wird dein Verlangen sein, er aber wird über dich herrschen« (1. Mose 3,16).

Gibt es denn nun die Göttin in den monotheistischen Religionen überhaupt nicht mehr?

Doch, denn überall finden wir noch Spuren der ursprünglich weiblichen Religion. Aber es sind eben nur Spuren und da die meisten Menschen den Zugang zu den religiösen Wurzeln verloren haben, ist uns ihre eigentliche Bedeutung nicht mehr bewusst. So hilft also nichts weiter, als anzufangen zu spinnen, ein Netz von Informationen zusammenzutragen, hinter die schönen Kulissen zu schauen, sich zu erinnern, sich zu verbinden – und so ergibt sich immer mehr ein stimmiges Bild, ein hauchzartes Gewebe, hinter dem die Wahrheit immer mehr hervorschimmert:

Dass den Menschen im Alten Israel sehr wohl bewusst war, dass es ihnen mit der ursprünglichen Verehrung der weiblichen Kraft wesentlich besser ging als mit dem aufoktroyierten männlichen Schöpfergott, zeigt folgende Stelle, in der die Bibel selbst Kunde gibt von der Verehrung der Himmelsgöttin durch das Volk von Judäa. Im Angesicht der hereinbrechenden Katastrophe, als Nebukadnezar, der Herrscher über das Babylonische Großreich, Jerusalem eroberte, ermahnte der Prophet Jeremia das Volk nämlich eindringlich zur Treue gegenüber JHWE, dem angeblich »Einen Gott«. Das Volk antwortete ihm aber folgendermaßen:

»Nach dem Wort, das du im Namen des Herrn uns sagtest,
wollen wir dir nicht gehorchen;
sondern wir wollen tun nach allem Wort,
das aus unserem Munde geht,
und wollen der Himmelskönigin räuchern
und ihr Trankopfer darbringen,
wie unsere Väter und Fürsten getan haben
in den Städten Judas
und auf den Gassen zu Jerusalem.
Da hatten wir auch Brot genug; es ging uns wohl,
und wir hatten kein Unglück.

Seit der Zeit aber,
da wir haben abgelassen,
der Himmelskönigin zu räuchern
und ihr Trankopfer darzubringen,
haben wir allen Mangel gelitten
und sind durch Schwert
und Hunger umgekommen.« (Jeremia 44,15ff.)

Das Christentum mit der rein männlichen Trinität von Vater-Sohn-Heiliger Geist imitiert die wesentlich ältere Triade der Göttin in Form der Jungfrau, der Mutter und der Weisen Alten. Mal abgesehen davon, dass das hebräische Wort »ruah« für »Heiliger Geist« immer weiblich war und somit eigentlich die »Heilige Geistin« meint. Weiterhin benutzt das Christentum das Bild der Mutter mit ihrem Sohn, welches Maria mit Jesus darstellen soll, aber eigentlich wesentlich älter ist. Es findet sich schon im alten Ägypten in der Darstellung der Isis mit ihrem Sohn Horus, nur mit dem Unterschied, dass Isis eine allmächtige Göttin war, die katholische Maria hingegen zwar durch ihre Himmelfahrt unsterblich, aber eben nicht göttlich ist. Die Soutanen der heutigen christlichen Priester, der Priester in Frauenkleidung, weisen zudem auf die ursprüngliche Rolle der Frau als Priesterin hin. Auch die bestickten Stolen der katholischen Priester sind typisch weibliche Kleidungsstücke, und das begehrte Purpurrot der Kardinäle und das Violett der katholischen Bischöfe ist die Farbe des Menstruationsblutes.

Jesus Christus, der Sohn des Vatergottes, gezeugt ohne jegliche schmutzige Sexualität, die vielleicht an die heilige Hieros Gamos, die Heilige Hochzeit, hätte erinnern können, geboren von einer asketischen Jungfrau, trägt trotzdem noch viele Züge eines matriarchalen Heroskönigs, unabhängig davon, dass ihm viele Eigenschaften und Namen des alten ägyptischen Gottes Osiris einverleibt wurden. So hatte Osiris weit über 200 göttliche Namen, u.a. wurde er Herr der Herren genannt und König der Könige. Er war die Wiederauferstehung und das Leben und der gute Hirte. Osiris war außerdem das Urbild einer Hostie. Sein Fleisch wurde in Form von Abendmahlsbrot aus Weizen, der »Pflanze der Wahrheit«, gegessen. Und so wundert es nicht, dass immer wieder Vorstellungen und Redewendungen des älteren Osiriskultes in der Bibel zu finden sind. So ist z. B. der 23. Psalm eine Kopie eines ägyptischen Textes, der an Osiris, den guten Hirten, die Bitte richtete, die Verstorbenen zu den »grünen Weiden« und »stillen Wassern« des nefer-nefer-Landes zu führen, dem Körper die Seele hinzuzufügen und im Tal des Todesschatten (im duat) Schutz zu bieten. Das Vaterunser gab es ebenfalls schon in Form einer ägyptischen Hymne an Osiris-Amun, die anfing mit: »O Amun, O Amun, der du bist im Himmel« (Barbara Walker: Das Geheime Wissen der Frauen, Stichwort: Osiris).

Geboren wurde Jesus der Überlieferung nach zum Zeitpunkt des alten Julfestes, der Wintersonnenwende, an dem seit alters her mit den länger werdenden Tagen die Wiedergeburt des alten Heroskönigs in Gestalt seines Nachfolgers gefeiert wurde. Heute feiern wir in dieser Zeit Weihnachten, wo wir immer noch in Erinnerung an das alte Lichterfest die Kerzen am Tannenbaum anzünden. Die Initiation erhält Jesus durch die Göttin Sophia, die Göttin der Weisheit, in Gestalt der Taube während seiner Taufe im Jordan. Die dann im Frühsommer anstehende Heilige Hochzeit ist gleichzeitig sein Opfertod. Jesus hat am Kreuz die Vereinigung mit Maria-Ecclesia, mit seiner Braut, der Kirche, vollzogen. Augustinus schrieb dazu: »Wie ein Bräutigam trat Christus aus seiner Kammer, er ging hinaus in Erwartung seiner Hochzeit … Er kam ans Ehebett des Kreuzes, und indem er es bestieg, vollzog er seine Ehe … liebend gab er sich anstelle der Braut den Qualen hin und vermählte sich mit ihr auf ewig.« (Barbara Walker. »Das Geheime Wissen der Frauen«, Stichwort Jesus Christus) Dahinter steht zwar ein recht perverses Bild von der Ehe, aber wem es so gefällt … die alten Kirchenväter werden schon nicht irren. Der Tag von Jesu Auferstehung ist nach der Göttin Ostera benannt, einer nordischen

Variante der in Palästina bekannten Astarte. Und unser Osterfest ist bis heute ein vom Stand der Mondin abhängiger beweglicher Feiertag, denn er fällt auf den Sonntag nach dem ersten Vollmond, der der Frühjahrs-Tagundnachtgleiche folgt.

Das Wirken des lebendigen Jesus auf dieser Erde ist zudem einfach magisch und zwar im Sinn einer matriarchalen, lebensfördernden Magie: Jesus heilt Kranke, erweckt Tote, zaubert Fische und Brot herbei, um die Menschen zu speisen, er verwandelt Wasser in Wein, läuft über das Wasser und er hat Recht, wenn er in diesem Sinne sagt: Ich bin der Weg, die Wahrheit und das Leben. Aber mit dem kleinen Anhang: »Zum Vater kommt man nur durch mich« hat er nicht Recht, doch wer will schon zu einem solchen Vater!

So wie sich Geld mit zunehmendem Patriarchat immer mehr dematerialisiert, so dematerialisiert sich auch die Göttin, je länger das Patriarchat andauert. Kein Wunder, dass so viele Frauen heute magersüchtig sind, aber was sollen sie auch machen, wenn die immanente Göttin, das in den Frauen innewohnende göttliche Prinzip, sich in Luft aufgelöst hat. Während die katholische christliche Kirche wenigsten noch einen erbärmlichen abgespaltenen Rest der einst mächtigen Göttin in Form von Maria, der Mutter Gottes, der Himmelskönig, inkorporiert hat und die orthodoxe Kirche der Sophia, der alten Göttin der Weisheit, Raum gegeben hat, so gibt es in der jüngeren protestantischen Kirche keine weiblichen Fragmente mehr. Hier geschieht ihr Wirken nur noch im Verborgenen. Maria, die ehemals Große Göttin, die Quelle allen Lebens, ist aber gegenüber ihrer Vorgängerin in ihrer Macht wesentlich reduziert und darf im Katholizismus nur als reine, keusche Lichtgestalt ohne Eros verehrt werden. Das Wilde in der Frau, das Zügellose, das Sexuelle, ist abgespalten worden. Die Frau, die vielen Männern anscheinend Angst macht, die alte Lilith, die in den jüdischen Überlieferungen noch vorkommt, in der Bibel der Christen aber nur noch ein einziges Mal beim großen jüdischen

Propheten Jesaja, Kapitel 34 erwähnt wird, ist zu einem Nachtdämon geworden. Dieser Bibelabschnitt, in dem Lilith erwähnt wird, besticht tatsächlich durch seine phantastischen Bilder und offenbart mal wieder den wahren Charakter dieses monotheistischen Vatergottes:

»Tretet heran ihr Nationen, um zu hören! Und ihr Völkerschaften, hört aufmerksam zu! Es höre die Erde und was sie erfüllt, der Erdkreis und alles was ihm entsprosst! Denn der HERR hat einen Zorn auf alle Nationen, und sein Grimm richtet sich auf ihr ganzes Heer. Er hat an ihnen den Bann vollstreckt, sie zur Schlachtung dahingegeben ... Denn trunken ist im Himmel mein Schwert. Siehe auf Edom fährt es herab ...« Und dann wird dieses Land Edom, das dem zukünftigen Gericht Gottes ausgesetzt ist, weiter beschrieben: »Und in seinen Palästen gehen Dornen auf, Nesseln und Disteln in seinen befestigten Stätten. Und es wird zur Wohnstätte der Schakale, zur Siedlung für Strauße. Da treffen Wüstentiere mit wilden Hunden zusammen, und Bocksdämonen begegnen einander. Ja, dort rastet die Lilith und findet einen Ruheplatz für sich.«

Wo Bocksdämonen, wo Luzifer, der inkarnierte Teufel, anzutreffen ist, da ist natürlich der richtige Platz für Lilith, Adams erste Frau, die sich der männlichen Verfügungsgewalt widersetzt hat und sich im Christentum praktisch in Luft aufgelöst hat. Wir finden sie erst wieder in Goethes »Faust, erster Teil«: Als in der Walpurgisnacht der wüste Spuk der Geister an Faust vorüberzieht, erkundigt dieser sich bei seinem Begleiter Mephisto nach einer bestimmten jungen Hexe. Und Mephisto antwortet: »Betrachte sie genau! Lilith ist das.« Auf Fausts Frage, wer Lilith sei, gibt Mephisto die Auskunft:

»Adams erste Frau.
Nimm dich in acht vor ihren schönen Haaren,
Vor diesem Schmuck, mit dem sie einzig prangt.
Wenn sie damit den jungen Mann erlangt,
So lässt sie ihn so schnell nicht wieder fahren.«

Lilith ist der dunkle Aspekt der Göttin, der von Maria abgespalten wurde. Sie bezeichnet, wie Susanne Schaup in ihrem Buch »Sophia – das Weibliche in Gott« schreibt, das Erdhafte, Geheimnisvolle, den Tod als Teil der Natur, den Eros, die Magie und die Heilkunst, die alle zum weiblichen Wesen dazugehören und einst die Legitimation ihrer Vollmacht war. Versteckt finden wir Reste dieser Seite der Göttin in den Schwarzen Madonnen, die viele Orte der Erde zu berühmten Wallfahrtsorten werden ließen, z. B. die Schwarze Madonna von Montserrat in Spanien, in Altötting in Oberbayern, von Einsiedel in der Schweiz, von Chatres in Frankreich, von Tschenstochau in Polen oder in Gualelupe in Mexiko.

Versteckt finden wir sie auch in Gebäuden, wie z. B. in der in Ingolstadt stehenden, von den Assambrüdern üppig bemalten Kirche Maria de Victoria, die eher einem Tempel gleicht und, wie im Foyer erkenntlich, der Weisheit gewidmet ist. Diese Kirche gehört allerdings heute der Stadt Ingolstadt und wird nicht mehr für religiöse Zwecke benutzt. Der Kirchenleitung war das Erbe wohl zu heiß.

Versteckt finden wir die Göttin auch in der Verehrung der Panagia, der Allgöttin in Griechenland, und in der Verehrung der Pachamama bei den Andenvölkern, die den Wechsel der Jahreszeiten begleitet und den Feldern Fruchtbarkeit schenkt. »Die überaus beliebten Marienfeste mit ihren Umzügen und tagelangen Festlichkeiten sind in Wahrheit Feiern zu Ehren der Pachamama, der Mutter Erde. Im Gewand der Jungfrau Maria ist sie wiedergekehrt, besser gesagt: war sie immer da, hat sich vom christlichen Vatergott nie ganz verdrängen lassen«, schreibt Susanne Schaup (S. 179).

Auch der Islam trägt natürlich Spuren der Göttin, kein Wunder, denn Arabien war vor dem Aufkommen des Islam lange Zeit matriarchalisch. Die Annalen des Assurbanipals, königlich assyrische Chroniken auf Keilschrifttafeln aus dem 7. Jahrhundert n. u. Z., die in der berühmten Bibliothek des Königs von Ninive gefunden wurden, besagen, dass Arabien seit Menschengedenken von Königinnen regiert worden war. Allerdings weiß heute kaum eine mehr, dass in Mekka, der heiligsten Stadt der Moslems, in dem Heiligtum der Kaaba noch zu Lebzeiten Mohammeds drei Göttinnen verehrt wurden: al-Lat, »die Göttin« schlechthin, al-Uzza, »die Gewaltige«, und Manat, die eine Schere hält, mit der sie die Schicksalsfäden der Menschen abschneidet. Schon damals war Mekka ein großer Wallfahrtsort, lag es doch auf halber Strecke zwischen Südarabien und dem byzantinischen Palästina und war mit seiner Quelle Zem-Zem und dem heiligen schwarzen Stein, der Kaaba, ein Treffpunkt der Karawanen. Dass Allah, der Name des heutigen islamischen Gottes, von al-Lat abgeleitet ist, ist unschwer zu erkennen.

Barbara Walker schreibt dazu in ihrem Lexikon »Das Geheime Wissen der Frauen« unter dem Stichwort Arabien: »Der Schwarze Stein (der heute in der Kaaba in Mekka ist) ruht im Haram, dem ›Heiligtum‹, sprachlich verwandt mit ›Harem‹, das früher einen Frauentempel bezeichnete, einem Heiligtum der Göttin Har in Babylon. Das Amt der Wächter vererbte sich innerhalb des Stammes der Koreschiten, ›Kinder von Kore‹, dem Stamm Mohammeds. Der heilige Dienst wurde ursprünglich von Frauen versehen, bevor er von männlichen Priestern übernommen wurde, die sich selbst Beni Shaybah nannten, ›Söhne der Alten‹. Die Legenden vom Leben Mohammeds weisen eindeutig auf einen matriarchalischen Familienhintergrund. Die Ehe seiner Eltern war matrilokal. Seine Mutter blieb bei ihrer eigenen Familie. Mohammed lebte bis zu ihrem Tod bei seiner Mutter, da sie nach dem altüberlieferten System sein wirklicher Elternteil war … Sie kann sehr gut eine der ›älteren Priesterinnen‹ gewesen sein, die im Tempel zu Mekka dienten. Die Tradition solcher Priesterinnen kann bis auf die assyrisch-babylonischen um-mati oder ›Mütter‹ zurückverfolgt werden … In den archaischen arabischen Heiligtümern dienten gewöhnlich Hohepriesterinnen, die an die gesetzgebenden Sieben Weisen erinnerten, die Frauen gewesen waren. Die erste Sammlung von Gesetzbüchern wurde ihnen zugeschrieben und hieß Koran: Das Wort der Kore oder Q're.«

Auch wenn in den »offiziellen« Biographien Mohammeds meist nicht auf seine Eltern eingegangen wird und dort eher steht, dass Mohammed als Vollwaise bei seinem Großvater Abd al-Muttalib ibn Hashim, nach dem sich die Haschemiten benennen, und später bei seinem Onkel Abu Talib aufgewachsen ist, gibt es doch Hinweise darauf, dass zu Zeiten Mohammeds in den Clans noch altes matriarchalisches Denken vorhanden war – wenn natürlich schon längst patriarchalisch überlagert. Die Heirat Mohammeds mit der wesentlich älteren Kaufmannswitwe Khadidja, die großen Anteil an der Verbreitung seiner Lehre hatte, ist z. B. ein solcher Hinweis, da rein patriarchalische Männer eher dazu neigen, blutjunge Frauen zur Gemahlin zu nehmen. Auch die wichtige Rolle, die Mohammeds dritte Frau Aischa bei der Überlieferung von seinen Schriften gespielt hat, deutet darauf hin.

Tatsache ist jedoch, dass die matriarchalische Kraft im Islam völlig verloren ging (auch wenn es heute noch Völker gibt, wie die BerberInnen in Afrika oder die Minangkabau in Asien, die offiziell islamisch sind und trotzdem noch matriarchale Strukturen aufweisen, weil diese aus vorislamischer Zeit stammen und – quasi am Islam vorbei – bewahrt werden konnten). So wie Maria im Christentum ihren Status als Göttin verlor, gibt es auch im Islam keine Göttin mehr. Reste der Göttin verstecken sich dort nur noch in Form der Fatima. So bedeutet der Name Fatima Schöpferin. Barbara Walker zitiert hierzu einen schiitischen Text, die Omm-al-Kitab, die besagt, »dass Fatima bei der Schöpfung der materiellen Welt erschien, gekrönt und auf einem Thron sitzend, ein Schwert haltend und mit einer Million unterschiedlich schimmernder Lichter geschmückt, die den gesamten Paradiesgarten erleuchteten. Sie war die erste, die den Sitz der Herrschaft innehatte, den Ruheplatz Allahs, des Allerhöchsten.« (Barbara Walker: »Das Geheime Wissen der Frauen«, Stichwort: Arabien) Ihr Symbol als heilige Jungfrau ist der zunehmende Mond, der heute auf allen Moscheen zu sehen ist.

Innerhalb des Islams trennten sich die Schiiten von der Mehrheit der Moslems, den Sunniten, weil sie ihre Abstammung auf

Fatima, die Tochter Mohammeds, und deren Ehemann Ali zurückführen. Die Schiiten erwarten die Ankunft einer Jungfrau mit Namen Paradies (Pairidaeza), die den Mahdi gebären wird, den Mond-geleiteten Erlöser.

Im 11. Jahrhundert vereinigten sich die Schiiten mit den hashishim oder »Haschischessern«, einer kriegerischen Bruderschaft der Ismaeliten, die unter der Leitung von Hassan ibn al-Sabbah stand, der noch den Namen der Alten Göttin führte. Hassan ibn al-Sabbah vererbte innerhalb der Bruderschaft den Titel Aladin, der »Alte vom Berg«. Barbara Walker schreibt in ihrem Lexikon unter dem Begriff Aladin Folgendes zu dieser Bruderschaft, die von den Christen Assassinen genannt wurde, was im Englischen und Französischen bis auf den heutigen Tag Meuchelmörder bedeutet:

»Mit Hilfe von Drogen und eines künstlichen ›Paradieses‹, das mit menschlichen Huris bevölkert war, wurden die neuen Mitglieder der Bruderschaft bei ihrer Einweihung davon überzeugt, dass sie gestorben seien und sich im Himmel oder im Feenreich befänden, wo Gärten und Paläste das Tal der geheimen Höhle einnahmen. Spezielle Rohrleitungen speisten die vier Ströme des Paradieses mit Wasser, Wein, Milch und Honig. Jeder Kandidat wurde zunächst bis zur Bewusstlosigkeit unter Drogen gesetzt, erwachte dann und bemerkte, dass er von lieblichen Frauen umgeben war, die sangen, spielten, ihn mit überaus faszinierenden Liebkosungen verwöhnten und ihn außerdem mit delikaten Speisen und exquisiten Weinen bedienten ... Nach dieser Phase der Glückseligkeit wurde der Krieger erneut mit Drogen betäubt und von diesem geheimen Ort fortgeschafft, um im Dienst des Alten vom Berg zu kämpfen. Er stritt furchtlos in dem Glauben, dass ihn ein Tod auf dem Schlachtfeld unverzüglich zurück in den Himmel bringen würde, der für ihn zur Realität gemacht worden war. Das Versprechen einer sexuellen Glückseligkeit war der wirkliche Schlüssel für die Wildheit der islamischen Armeen ... Die Geschichte aus Tausendundeiner Nacht verrät das Kennwort zu Aladins Höhle:

Sesam öffne dich! Das bezog sich auf das ägyptische Wort ›seshemu‹ d. h. sexueller Verkehr. Die Hieroglyphe für seshemu war ein Penis, der in ein bogenförmiges Symbol der Yoni eindrang. Alle alten Kulturen benutzen die eine oder andere Form des sexuellen Symbolismus, um das Eingehen eines Mannes in das Paradies auszudrücken.«

Auf diese alte Symbolik ist wohl auch das Versprechen des heutigen Islams zurückzuführen, dass bei einem Tod als Märtyrer Jungfrauen auf den Getöteten warten. Anstatt sich hier auf der Erde offen in sexueller Freiheit mit Frauen zu erfreuen, wird dieses Vergnügen auf das himmlische Paradies verschoben. Die Verlockung ist für die Männer so groß, dass sie im Namen Allahs bereit sind, in jeden Krieg zu ziehen, in den Heiligen Krieg, den Dschihad gegen die Ungläubigen. Die Terroranschläge der letzten Jahre und die weltweiten Selbstmordattentate der Moslems, sind letztendlich auf diese Ideologie zurückzuführen und werden von folgendem Verständnis des Dschihad untermauert. So steht in einem aktuellen Glossar mit dem Titel Iran-Now im Internet folgende Beschreibung vom Dschihad:

»Dschihad (Heiliger Krieg) – Ursprünglich unterteilt der Islam die Welt in zwei Bereiche: Den Dar al-Islam (Geltungsbereich des Islam) und den Dar al-Harb (Gebiet des Krieges), wo der Islam noch nicht vorgedrungen ist. Theoretisch besteht zwischen beiden Gebieten ein dauernder Kriegszustand. Die gemeinsame ›Anstrengung auf dem Weg Gottes‹ (Dschihad), der Krieg gegen die Ungläubigen, diente der Verteidigung und der Ausbreitung des Islam. Dabei muss der Islam aber nicht ausschließlich mit kriegerischen Mitteln durchgesetzt werden. Die Missionierung Südostasiens beispielsweise funktionierte meist über Händler. Als das islamische Reich an die Grenzen seiner Expansion gestoßen war, sahen sich die Herrscher bemüßigt, Friedensverträge mit anderen Mächten abzuschließen, die man aber zeitlich befristete, um die Theorie des andauernden Krieges zwischen Dar al-Islam und Dar al-Harb einzuhalten.«

Und im Koran finden sich natürlich auch genug Stellen, die sich dazu eignen, einen kriegerischen Dschihad gegen die Ungläubigen zu führen, so z. B.:

Sure 47, 4–6:

»Und wenn ihr die Ungläubigen trefft, dann herunter mit dem Haupt, bis ihr ein Gemetzel unter ihnen angerichtet habt … Denen, die auf dem Wege Gottes getötet werden, lässt Er ihre Werke niemals fehlgehen. Er wird sie Recht leiten und ihre Angelegenheiten in Ordnung bringen, sie ins Paradies eingehen lassen, das Er ihnen zu erkennen gegeben hat.«

Sure 61,4:

»Allah liebt diejenigen, die um seinetwillen in Reih und Glied kämpfen.«

Missionierung von Ungläubigen ist die logische Folge des monotheistischen Systems, entweder mit Gewalt, wie das Christentum es ja auch über Jahrhunderte praktiziert hat, oder über die Kontrolle der Fruchtbarkeit, der ursprünglichen Frauenmacht, wie es u. a. auch über die Dogmen der katholischen Kirche zur Verhütung geschieht. Eine hohe Geburtenrate, verbunden mit einer angeblichen Moralethik eines Vatergottes, scheint eine einfache und auf den ersten Blick gewaltfreie Form der Missionierung zu sein. Letztendlich beruht sie aber auf der bewusst inszenierten Dummhaltung von Frauen und ist eine Ausnutzung der Frauen – die zwar viele Kinder gebären sollen, aber wenig bis keine Hilfe erhalten, um diese auch ernähren zu können – und dies ist auch eine Form von Gewalt.

Auch wenn ich zeigen konnte, dass es in allen monotheistischen Religionen Spuren der Großen Göttin noch gibt, so ist wohl mehr als deutlich geworden, dass diese patriarchalischen Religionen ihre Macht auf Krieg und Gewalt aufgebaut haben, dass auf ihr Konto die massive weltweite Unterdrückung der Frau geht und dass in diesen Religionen auch die Wurzel für die Missachtung von Mutter Erde als lebendem Organismus zu finden ist.

Von der Erde hängt aber alles irdische Leben ab und von den Frauen hängt alles menschliche Leben ab. Den Frauen mit ihrer schöpferischen Wesensverwandtschaft mit Mutter Erde obliegt daher auch per se die Verantwortung, ein Recht auf dieses Leben einzuklagen. Wir brauchen nicht ein weit entferntes künstliches Paradies. Wir haben hier bereits ein Paradies auf Erden – wir müssen es aber beschützen.

Da die Wurzeln der monotheistischen Religionen allesamt faul sind, sollten wir sie ausreißen, radikal, denn das lateinische Wort »radix« bedeutet: von der Wurzel her. Wenn wir Weisheit, wenn wir Gerechtigkeit in dieser Welt verwirklichen wollen, wenn wir eine soziale und kosmische Gerechtigkeit im Sinne der Maat verwirklichen wollen, dürfen wir uns nicht mehr mit den Brosamen einer versteckten Göttin zufrieden geben. Wir brauchen die reale Göttin, eine Göttin, die in den Frauen immanent ist. Da ein Männergott niemals im Körper einer Frau immanent sein kann, brauchen wir die körperliche Göttin und als Gegenüber einen matriarchalischen, lebensbejahenden Gott, dessen Züge durchaus auch in den monotheistischen Religionen zu finden sind – sei es in Form von Allah dem Barmherzigen oder sei es in Form eines matriarchalischen Jesus. Wir brauchen aber keinen kriegerischen, eifersüchtigen, herrschenden, transzendenten, erosfeindlichen, männlichen Monopolgott, denn im Namen dieses Monopolgottes sind seit Jahrtausenden unzählige Verbrechen ausgeübt worden. Dieser Gott hat die Erde mit dem Blut von Millionen unnötig und grausam gestorbener Menschen getränkt. Wir Mütter haben die Nase voll von diesem Kriegsgott. Schaffen wir ihn ab und setzen wir an seine Stelle wieder einen liebenden Gott, mit dem wir die Hieros Gamos, die Heilige Hochzeit, feiern können.

# Die Stellung der Frau in den östlichen Religionen

Wie sieht es aber nun mit den östlichen Religionen und Philosophien aus? Hier gibt es doch gar keinen kriegerischen Männergott und insbesondere der buddhistische Glaube ist doch so friedlich und scheint damit für Frauen wie geschaffen zu sein. Schauen wir uns allerdings die Rolle der Frau in Asien an, so bemerken wir, dass es vielleicht mit dem religiösen Fundament dieser Gesellschaften doch nicht so rosig aussieht.

Die nach Christentum und Islam mit ca. 800 Millionen Anhängern drittgrößte Religionsgruppe ist der Hinduismus, hauptsächlich verbreitet in Indien. Der Hinduismus kennt eine Vielzahl von Göttern und Göttinnen und zeichnet sich aufgrund der großen Vielfalt verschiedener Gottheiten durch eine relativ große Toleranz und den fehlenden Missionierungswunsch aus. Aber im eigentlichen Sinn ist der heutige Hinduismus eine monotheistische Religion, denn die verschiedenen Aspekte des Göttlichen sind letzten Endes nur Manifestationen für das Absolute, für das Brahman, die Weltenseele, im Gegensatz zu Atman, der Einzelseele. Die HinduistInnen glauben wie die BuddhistInnen an das Rad der Wiedergeburt (Samsara). Während des Lebens wird abhängig vom Verhalten gutes oder schlechtes Karma angehäuft. Dieses Gesetz von Ursache und Wirkung von Handlungen beeinflusst zukünftige Reinkarnationen. Das Ziel der HinduistInnen ist wie bei den BuddhistInnen das Nirwana, die Befreiung vom Rad der Wiedergeburten.

Im alten Indien finden wir neben Sumer die ältesten matriarchalen Kulturen und mit der dreieinigen Göttin Kali – als Schöpferin in ihrem jungfräulichen Aspekt (Maya oder Parvati), als Königin-Mutter Durga und als Weise Alte (Uma oder Prisni) – die älteste bekannte göttliche Trinität. Neben dieser Trinität wurde die

Göttin in Indien in ihren vielen Aspekten und unter vielen auch heute noch bekannten Namen verehrt, wie Sarasvati, Shakti oder Lakshmi.

Die matriarchale Induskultur war eine Hochkultur. Sie verfügte über schachbrettartig angelegte blühende Städte mit fließendem Wasser und Kanalisation. Die bekanntesten Städte dieser Hochkultur sind Harappa und Mohenjo Daro. Ihre Blütezeit wird zwischen 3500 und 1500 v. u. Z. vermutet. Wahrscheinlich wurde diese Kultur durch die Einwanderung der Indogermanen, der sogenannten Arier, die aus der südrussischen Steppe zwischen Kaspischem Meer und Baikalsee stammen, um 1500 v. u. Z. zerstört. So wird angenommen, dass die Arier zwischen 1500 und 1200 v. u. Z. in mehreren Einwanderungswellen erst das Industal eroberten, dann die Gangestiefebene und schrittweise den nordindischen Subkontinent. Nach Südindien drangen sie nicht vor, dort halten sich bis heute die dunkelhäutigen Drawiden und eine Vielzahl von Stammeskulturen, die Adivasis, von denen viele auch heute noch mehr oder weniger matriarchal organisiert sind.

Auf die eingedrungene indogermanische Kultur gehen die Vorstellungen von Brahman, dem Absoluten, Atman, dem Selbst, und von den vedischen Göttern wie Agni, dem Gott des Opferfeuers, Surya, dem Sonnengott, und Indra, dem Regengott, zurück. Der frühe Hinduismus entstand zwischen 100 und 200 v. u. Z. durch die Vermischung des nichtarischen Drawidenglaubens und der alten arischen Vedenreligion.

Die eingedrungenen Arier versuchten, eine vollkommen männlich bestimmte Gesellschaftsform einzuführen und die alte indische Muttergöttin zu verdrängen, indem sie machtpolitisch in Indien das Modell einer hierarchisch gegliederten Vier-Kasten-Gesellschaft einführten. Daraus ergab sich eine patriarchalische Überlagerung der Alten Muttergöttin, in der die ursprünglich mächtigen indischen Göttinnen viel von ihrer Macht einbüßten und heute eher als brave Gemahlinnen neben ihren männlichen Partnern stehen. Und die weibliche Trinität wurde mit Brahma,

Vishnu und Shiva männlich besetzt, wobei auch hier alle diese Erscheinungsformen letztlich nur Ausdruck von Brahman, dem vergeistigten Prinzip der Weltenseele, sind.

Das indische Kastensystem unterscheidet Brahmanen, die Priesterkaste, Kschatrija, die Königs- oder Adelskaste, Waischja, die Bauernkaste, und Schudra, alle niederen Kasten. Zuunterst stehen die Angehörigen der als unrein verachteten Berufe wie Abdecker, Straßenkehrer etc., die sogenannten Unberührbaren. Mit den Gesetzen des Manu, die vermutlich zwischen dem 2. Jahrhundert v .u. Z. und dem 1. Jahrhundert n. u. Z. entstanden sind, wurde diese Hierarchisierung der Gesellschaft schriftlich fixiert und die religiöse Vorherrschaft der männlichen Priesterkaste indoktriniert. In diesen Gesetzestexten wurde auch festgelegt, dass die Frau ihr Leben lang einem Mann untertan zu sein hat, zuerst ihrem Vater, später ihrem Ehemann und dann ihrem Sohn. »Frauen wurden in der vedischen Religion mit der Dienerklasse der Schudras gleichgesetzt. Diesen war das Studium – und sogar das Hören – der heiligen Sanskrit-Texte verboten und damit waren sie seit dieser Zeit von der offiziellen Religion ausgeschlossen. Alle wichtigen religiösen Riten wurden nur noch von der Priesterklasse der Brahmanen ausgeführt«, schreibt Traude Pillai-Vetschera in ihrem Fachartikel über Geschlechterrollen in indischen Stammeskulturen und deren religiösen Stellenwert. (www.religion.orf.at/projekt02/religionen/hindu/fachartikel/re-hin-fa-geschlechterrollen_indien4-98.htm,44,64)

Barbara Walker beschreibt in ihrem Lexikon »Das Geheime Wissen der Frauen« unter dem Stichwort Brahma noch einen interessanten Zusammenhang: »Die brahmanische Ehe kehrte das alte System der weiblichen Erbfolge um, indem die Regel aufgestellt wurde, dass Eigentum vom Vater zum Sohn übergehen müsse … Im Wesentlichen war der Brahmanismus eine Verehrung der väterlichen Vorfahren, möglicherweise ist das auch die Wurzel für die vergleichbare Ahnenverehrung, die von dem legendären Abraham, dessen Name ›Vater Brahm‹ bedeutete, in Israel eingeführt wurde.« Die israelitischen Stämme sind wahrscheinlich in mehreren Wellen zwischen 1500 und 1300 v. u. Z. allmählich in das von den Kanaanäern besiedelte Kulturland Palästina vorgedrungen und dort ansässig geworden. Im Alten Testament der Bibel im Buch Nehemia 9, Vers 7 wird allerdings ausdrücklich betont, dass Gott Abraham aus Ur in Chaldäa herausgeführt hat: »Du bist es, HERR, Gott, der du Abram erwählt hast und ihn aus Ur in Chaldäa herausgeführt und ihm den Namen Abraham verliehen hast.«

Ur ist das wichtigste Zentrum im alten Sumer. Die Chaldäer gab es in Ur nachweislich aber erst 1100 v. u. Z., so dass die Vermutung naheliegt, dass Abraham erst ca. 1000 v. u. Z nach Palästina einwanderte und dorthin das patriarchalische brahmanische Gedankengut mitbrachte.

Seit 1950 ist in der indischen Verfassung das von den Brahmanen eingeführte Kastensytem aufgehoben und Mann und Frau sind in Indien dem Gesetz nach nun völlig gleichgestellt, aber in seiner Hierarchisierung und Patriarchalisierung haben die hinduistischen Gesetzestexte des Manu bis heute große Auswirkungen in der gesellschaftlichen Realität. Auch wenn seit 1961 der Mitgiftzwang gesetzlich abgeschafft ist, so wird der Brauch, dass Frauen in die Ehe eine Mitgift einbringen, nach wie vor praktiziert. Die Hauptaufgabe der meisten Inderinnen ist nach wie vor die Mutterschaft. Frauen sollen dabei möglichst viele Söhne bekommen. Töchter haben einen geringeren Wert, da die Familien bei mehreren Töchtern wegen der Mitgift, die sie bei der Hochzeit aufbringen müssen, völlig verarmen können.

Die Hilfsorganisation »Hope« schreibt in ihrer homepage über die heutige Situation von Frauen in Indien Folgendes: »Für manche Familien bedeutet eine Tochter vor allen Dingen Unglück, sie kostet Geld, arbeitet nach der Heirat in der Familie ihres Ehemanns, und falls die Ehe schiefläuft, kann sie auch nicht mehr zu ihrer Familie zurück, weil diese dann einen Esser mehr hat und die Nachbarn einen ›schief anschauen‹. Der Sohn hingegen bringt durch die Heirat eine Arbeitskraft inklusive Mitgift nach Hause.

Geht die Ehe total daneben oder kann die versprochene Mitgift nicht ganz eingelöst werden, liegt die ›Lösung‹ im Selbstmord der Frauen, bei dem auch manchmal von den Schwiegereltern nachgeholfen wird. Der Stand der Frau in der eingeheirateten Familie ist von der Zahl der geborenen Söhne abhängig. Frauen sind die am schlechtesten ernährten Menschen in Indien; zuerst bekommt das Familienoberhaupt serviert, dann die Kinder, und die Frau bekommt, was übrig bleibt.« (www.hope-international.org)

Das »Sati«, die sogenannte Witwenverbrennung, ist zwar seit Anfang des 19. Jahrhunderts ebenfalls verboten, wird aber immer noch praktiziert. Die Witwe hat nach der überlieferten Sitte keine unabhängige soziale Existenz, sondern folgt als »ideale« Gattin dem verstorbenen Ehemann in den Tod, meist durch Verbrennen und nicht immer ganz freiwillig. Schätzungen über die Zahl der sogenannten Mitgiftmorde liegen bei ca. 15 Frauen pro Tag. Nach dem Jahresbericht der Vereinten Nationen fallen jährlich mehr als 5 000 Frauen den Mitgiftmorden zum Opfer. Oft »passieren« den Frauen inszenierte Unfälle: Viele verbrennen beim Kochen mit dem Kerosinkocher. In den meisten Fällen werden die Täter nicht zur Rechenschaft gezogen. (www.frauennews.de/themen/weltweit/indien.htm)

In China finden wir als frühe Religionen oder Philosophien den Taoismus, den Konfuzianismus und den Buddhismus. Über Laotse, den Autor des Tao Te King, des grundlegenden religiösen Buchs der ChinesInnen, ist kaum etwas bekannt, außer dass er eventuell ein älterer Zeitgenosse von Konfuzius war, der von 551 bis 479 v. u. Z. gelebt hat. (Es gibt aber auch Forschungen, die seine Lebensdaten um das Jahr 300 v. u. Z. oder später legen.) Frühe Zeugnisse in China deuten auf die Existenz einer mutterrechtlichen Gesellschaft in archaischer vorkonfuzianischer Zeit hin, in der die Frauen aufgrund matrilinearer Erbfolge und matrilokaler Familie einen hohen gesellschaftlichen Status besaßen – diese Strukturen haben sich bis heute in einigen Teilen Chinas, z. B. bei den Mosuo, erhalten. So war das alte Schöpfungswissen in dieser Kultur natürlich vorhanden. Der Taoismus greift Gedankengut auf, das in China zur Zeit der Zhou-Dynastie, 1046–256 v. u. Z., weit verbreitet war, und so finden wir im Tao Te King vieles aus der alten matriarchalen Weisheit.

Vers 6:
»Das Tao bezeichnet man als die große Mutter:
Leer, doch unerschöpflich,
bringt es unzählige Welten hervor.
Es ist immer in dir da.
Du kannst es ganz nach Belieben verwenden.«
Vers 20:
»Ich unterscheide mich von normalen Menschen.
Ich trinke aus den Brüsten der großen Mutter.«
Vers 25:
»Es gab etwas Formloses und Vollkommenes,
bevor das Universum entstand.
Gelassen ist es und leer.
Einzig und unverständlich.
Grenzenlos und ewig verfügbar.
Es ist die Mutter des Universums.
In Ermangelung eines besseren Namens
nenne ich es das Tao.«
Vers 28:
»Kenne das Männliche,
doch halte dich an das Weibliche:
Nimm die Welt auf in deine Arme.
Nimmst du die Welt auf,
dann wird das Tao dich nie verlassen,
und du wirst wie ein kleines Kind sein.«
Vers 51:
»Jedes Wesen im Universum
ist ein Ausdruck des Tao.

…
Das Tao bringt alle Wesen hervor,
nährt sie, erhält sie,
sorgt für sie, erquickt sie, beschützt sie,
nimmt sie wieder zu sich.
Es erschafft, ohne zu besitzen,
handelt, ohne zu erwarten,
lenkt, ohne sich einzumischen.
Ebendarum liegt die Liebe zum Tao
im Wesen der Dinge.«

Die Verse sprechen für sich. Nirgendwo wird das Weibliche degradiert, vielmehr kennt der Verfasser die Wahrheit hinter dem Leben: Die große Mutter, der Ursprung aller Wesen, die uns nährt und beschützt, und daraus folgend die Einheit aller Wesen. So wundert es natürlich auch nicht, dass das Zeichen des Taoismus der Kreis ist, die Einheit von Yin und Yang, dem männlichen und weiblichen Prinzip, das erst später patriarchalisch hierarchisch als aktiv und passiv definiert wurde. Im Zeichen des Tao, im Kreis des Lebens, feiert das Männliche und das Weibliche die Heilige Hochzeit, die sexuelle Vereinigung zwischen Mann und Frau, aus der neues Leben hervorgeht.

Eine Gesellschaft, die unter dem Kreis des Lebens steht, verabscheut natürlich auch jegliche Gewalt. Und so nimmt es nicht Wunder, dass wir im Tao Te King auch solche Verse finden:

Vers 30:
»Wer sich bei der Menschenlenkung auf das Tao verlässt,
versucht nicht, Entscheidungen zu erzwingen
oder Feinde mit Waffengewalt zu besiegen.
Denn für jede Kraft gibt es eine Gegenkraft.
Gewalt, auch wenn sie in guter Absicht angewandt wird,
fällt immer auf einen selbst zurück.«

Vers 31:
»Waffen sind die Werkzeuge der Gewalt;
alle Anständigen verabscheuen sie.
Waffen sind die Werkzeuge der Angst;
ein Anständiger wird sie meiden,
es sei denn, er befindet sich in der höchsten Not,
und wird sie, wenn er dazu gezwungen ist,
so zurückhaltend gebrauchen, wie nur irgend möglich.
Frieden ist sein höchster Wert.
Liegt der Frieden in Trümmern –
wie kann der Betreffende zufrieden sein?
Seine Feinde sind keine Dämonen,
sondern Menschen wie er selbst.
Er wünscht ihnen keinen persönlichen Schaden.
Auch freut er sich nicht über den Sieg.
Wie könnte er sich über den Sieg freuen
und am Morden von Menschen Vergnügen finden?
In eine Schlacht zieht er ernst –
voll Trauer und mit großem Mitgefühl,
als nähme er an einem Begräbnis teil.«

So erscheint das Tao Te King als ein schriftliches Zeugnis aus einer vorpatriarchalischen Zeit, als ein Gruß der alten Matriarchate, friedlicher Konsensgesellschaften, die die wahren Zusammenhänge des Lebens kannten und die Große Mutter ins Zentrum ihres Denkens stellten.

Ganz anders der Konfuzianismus, der als die wichtigste menschliche Beziehung ähnlich wie die monotheistischen Religionen die Beziehung zwischen Vater und Sohn sieht, dann die zwischen Fürst und Untertan, wozu eine Hierarchisierung der Gesellschaft die Voraussetzung ist. Parallel dazu verändert sich natürlich auch die Vorstellung von Weiblichkeit. Es kommt zu einer Unterordnung der Frau unter den Vater, den Ehemann und den erwachsenen Sohn. Die gesellschaftliche Rolle, die der Frau nun zukommt, ist die der dienenden Schwiegertochter, Ehefrau und Mutter. Die hierzu geforderten Tugenden sind Bescheidenheit, Zurückhaltung, Anmut, Keuschheit und eheliche Treue. Zum Exzess dieser Tugenden kam es in der Song-Dynastie (1000–1200 n. u. Z.) im sogenannten Neokonfuzianismus, der mit der Sitte des Füßeeinbindens, einer systematischen Verkrüppelung der weiblichen Füße, den Bewegungsspielraum von Frauen drastisch einengte.

Der Ursprung des Buddhismus liegt nun wiederum in Indien, wo Siddharta Gautama (563-483 v. u. Z.) als Prinz des lokalen Königsgeschlechts der Schakja im nordindischen Fürstentum Kapilavastu zur Welt kam. Seine leibliche Mutter Maya starb der Legende nach sieben Tage nach seiner Geburt. Geistlich herrschte in Indien zu dieser Zeit bereits der Hinduismus, die zuvor beschriebene Verschmelzung der vedisch-brahmanischen Religion der stark patriarchalisch geprägten arischen Eroberer mit den ursprünglich matriarchalischen vorarischen Religionen des Industals. Mit dem Einfall der Arier in Indien fand eine extreme Hierarchisierung der indischen Gesellschaft statt, die sich (bis heute) im starren Kastensystem des Hinduismus zeigt und natürlich auch in einer hierarchischen Beziehung zwischen den Geschlechtern. Siddharta Gautama wuchs in verschwenderischer Üppigkeit auf. Mit 29 Jahren verließ er seine Frau und seinen Sohn und zog sieben Jahre lang als Bettelasket durch Nordindien. Im Alter von 35 Jahren erlangte er die Erleuchtung und wurde in der Folge als Buddha bezeichnet, der »Erleuchtete«. Der Buddhismus ist eine Religion ohne Schöpfergott, von dem man Heil erwarten kann, sondern eher eine psychologische Philosophie der Selbsterlösung. Der Ausgangspunkt ist der Grundsatz vom Leiden zusammengefasst in den »Vier Heiligen Wahrheiten«:

- Alles Leben ist unablässigem Leiden unterworfen.
- Die Ursache des Leidens sind die Leidenschaften, die Begierde nach Lust, der Wille zum Leben.

- Die Befreiung von den Leidenschaften, vom Willen zum Leben hebt das Leiden auf.
- Der Weg zur Aufhebung des Leidens ist der »Heilige Achtfache Pfad«: rechte Anschauung und Gesinnung, rechtes Reden, rechtes Handeln und Leben, rechtes Streben, rechtes Denken und sich Versenken.

Alle Wesen unterstehen dem Gesetz des Wiedergeborenwerdens, nach dem ihre Daseinsformen ständig wechseln. Doch kann die von Buddha gelehrte Erkenntnis jeden Einzelnen, jede Einzelne durch völlige Selbstentäußerung aus dem Kreislauf der Geburten erlösen (Samsara). Der Zustand des endgültigen Erlöschens, in den die Erlösten eingehen, ist das Nirwana. Symbol der verschiedenen Daseinsformen, die der Erlösung bedürfen, ist das Rad. Im 3. Jahrhundert v. u. Z. wurde der Buddhismus unter König Aschoka in Indien Staatsreligion. Seitdem verbreitete er sich auch außerhalb Indiens.

Es existieren verschiedene Hauptrichtungen des Buddhismus. Der südliche Buddhismus, Hinayana oder auch »Kleines Fahrzeug« genannt, der heute als Theravada-Buddhismus bekannt ist und sich vom Kerngebiet ausgehend über ganz Indien, Sri Lanka, Laos, Thailand bis Borneo und Indonesien ausbreitete, hält an der nichtgöttlichen Natur Buddhas fest. Im nördlichen Buddhismus hingegen, dem Mahayana-Buddhismus, der auch als das »Große Fahrzeug« bekannt ist und der sich ab dem 1. Jahrhundert n. u. Z. über die Seidenstraße in den Norden hin ausbreitete, wird zunehmend die göttliche Seite Buddhas betont und es werden auch andere Götter miteinbezogen. In China setzte sich diese Form des Buddhismus seit der patriarchalischen Han-Dynastie immer mehr gegen den Taoismus und Konfuzianismus durch und erreichte über Korea später auch Japan, wo sich ab dem 6. Jahrhundert n. u. Z. eine ganz eigene Form des Buddhismus etablierte: der Zenbuddhismus mit seinen großen Patriarchen. Im 4. Jahrhundert n. u. Z. entstand der Vajrayana-Buddhismus, der auch als das »diamantene Fahrzeug« oder als buddhistischer Tantrismus bekannt ist. Er verbreitete sich über das tibetische Hochland, Bhutan, die Mongolei und sogar Teile Russlands (GEO, Das Neue Bild der Erde, Republik der Mönche). In Indien selbst ging der Buddhismus nach der Aufspaltung in verschiedene Sekten und unter dem zunehmenden Einfluss des Brahmanismus zugrunde.

In allen Richtungen des Buddhismus wird das Dharma, die buddhistische Lehre, von vorwiegend männlichen monastischen Orden weitergegeben. Schon hier ist das patriarchalische Fundament des Buddhismus klar erkennbar.

Irdisches Leben bedeutet im Buddhismus nur Leid. Höchstes Ziel des Buddhismus ist es, einen höheren Bewusstseinzustand zu erreichen, das Nirwana, den Zustand des Nicht-Seins, die Befreiung von dem Rad der irdischen Reinkarnation, die Befreiung von dem angeblichen Zustand der Täuschung und der Illusion allen irdischen Lebens, das endgültige Verlöschen. Der schöpferische Prozess des leiblichen Werdens, dieses Wunder der Natur, das bei den Säugetieren und beim Menschen an den weiblichen Körper gebunden ist, steht nicht im Mittelpunkt der buddhistischen Betrachtungsweise. Hier ist es viel mehr der Prozess des Absterbens, der Fäulnis, des stinkenden Zerfalls – auch wenn diese körperliche Seite des endgültigen Verlöschens nicht betont wird. Nach jahrelangen Meditationen und Selbstbetrachtungen erkennt das Ideal des einsamen Waldmönchs, der sich von allem irdischen Verlangen gereinigt hat, seine eigene Vergänglichkeit. Deshalb tragen die buddhistischen Mönche die Farbe Orange, die Farbe der absterbenden Blätter im Herbst (Geo). Das helle leuchtende Grün des Frühlings, das die Freude des jungen Lebens verkündet und uns frohlocken lässt, wird ausgeblendet. So erscheint Natur nur als den Tod bringend und Leiden verursachend. Hinter diesem schiefen Bild steht eine tiefe Angst vor der Tödin, vor der Hinfälligkeit des irdischen Lebens. Um dieser Hinfälligkeit zu entgehen, wird lieber auf das Werden verzichtet, wird alles daran gesetzt, um diesem Kreislauf zu entkommen. Das eine solche Philosophie den Körper zugunsten des Geistes und natürlich die freudige

Sexualität der Askese geopfert hat, ist nur logisch. Das höchste Ziel des Buddhismus ist die Entkörperlichung, die Transzendenz. Die ursprüngliche Naturphilosophie des Taoismus, der Kreislauf der großen Mutter, wurde »entnatürlicht«. Der positive Wiedergeburtsglaube der Großen Göttin wurde durch einen negativen Reinkarnationsglauben pervertiert und dämonisiert. Daher hat der Mensch nach der Lehre des Buddhismus den dringenden Wunsch, von samsara, dem Kreislauf von unzähligen Wiedergeburten, erlöst zu werden. Da die verfluchte Wiedergeburt durch den Körper der Frau erfolgt, ist auch im Buddhismus genauso wie in den monotheistischen Religionen das Weibliche mit dem Bösen assoziiert. Während im Theraveda-Buddhismus der Mönch aus Angst vor der Frau in die Askese flüchtet, tritt im Mahayana-Buddhismus an die Stelle der Flucht vor der Frau das Mitgefühl mit ihr, denn das in einem weiblichen Körper das Nirwana nicht erreicht werden kann, versteht sich von selbst. Victor und Victoria Trimondi, die sich sehr intensiv mit dem Buddhismus beschäftigt haben, schreiben dazu:

»Das Weib soll von ihrem leiblichen Körper erlöst werden, und der Mahayana-Mönch hilft ihr selbstlos dabei, die notwendige Transformation ihrer weiblichen Physis vorzubereiten, damit sie bei ihrer nächsten Wiedergeburt als Mann inkarnieren kann. Das Weibliche gilt also weiterhin als das Niedrige und Verachtenswerte, das geopfert werden muss, um es in etwas rein Männliches zu verwandeln.« (S. 31)

Im Vajrayana-Buddhismus, auch Tantrismus oder Lamaismus genannt, erscheinen nun wieder Göttinnen, allerdings in gezähmter Form. Die Göttin Tara, ein anderer alter Name der Urgöttin als Mutter Erde und verwandt mit der lateinischen Terra Mater, wird in die Weiße und die Grüne Tara gespalten und gilt als ein weiblicher transzendenter Boddhisattwa (heilbringende Helfer, unseren Engeln ähnlich). Die weiße Tara erscheint barmherzig, lieblich und liebevoll und gilt als Symbolfigur der Reinheit. Die Grüne

Tara gilt als Beschützerin vor allen Gefahren. Des Weiteren werden im Lamaismus noch weibliche Yoginis und Dakinis verehrt, die ersteren als Vermittlerinnen zu den Gottheiten und die Letzteren als magische Schutzgottheiten in Gestalt von Hexen.

In der jüngsten Form des Buddhismus erfahren wir eine scheinbar starke Umwandlung der ursprünglich streng asketischen Seite des Buddhismus, aber diese Wandlung mit ihrer Öffnung, ja Ritualisierung zur Sexualität hin scheint nur oberflächlich. Die Wichtigkeit des Kosmischen Eros und damit die Verbindung des weiblichen Prinzips mit dem männlichen Prinzip wird zwar erkannt, aber in geradezu perverser Form hierarchisiert. Das Ehepaar Trimondi schreibt dazu:

»Der Vajrayana sei – so lesen wir in den Beurteilungen einer nicht geringen Anzahl westlicher Forscher und Forscherinnen – eine sexualmagische Technik von Männern, um den Frauen ihre spezifische weibliche Energieform zu ›rauben‹ und um sie sich dienstbar zu machen«. (S. 67) Etwas später führt das AutorInnenpaar aus: »Um sich die feminine Urmacht des Alls anzueignen, muss der Yogi die entsprechenden spirituellen Methoden beherrschen … Der geschätzte Erforscher der tibetischen Kultur, David Snellgrove, beschreibt deren Hauptfunktion als die ›Transmutation der weiblichen Form in die männliche‹, in der Absicht, Macht zu akkumulieren. Aus diesem und keinem anderen Grunde suche der Tantriker den Kontakt mit einem weiblichen Wesen. Meistens ›fließt die Macht von der Frau zum Manne, vor allem wenn sie machtvoller ist als er‹, erfahren wir von der Indologin Doniger O'Flaherty. Denn da das mächtige Weibliche die Welt kreiert, kann der männliche ›unkreative‹ Yogi nur dann zum Kreator werden, wenn er sich die Schöpferkraft der Göttin aneignet … Die zwei Geschlechterenergien verlieren jetzt ihre Gleichberechtigung und werden in eine hierarchische Beziehung gebracht, in der der männliche Teil die absolute Herrschaft über den weiblichen ausübt.« (S. 68)

Über ein sexualmagisches Ritual versucht sich der tantrische Yogi die Gebärkraft der Frauen und damit die Schöpfungskraft der

»Alten Göttin« anzueignen, denn natürlich kannten die tantrischen Mönche das »Alte Wissen« der Heiligen Hochzeit. Sie wussten, dass irdische Macht, die Königswürde, nur aus der Hand von Frauen verliehen werden konnte. Barbara Walker schreibt in ihrem Lexikon »Das Geheime Wissen der Frauen« unter dem Stichwort Königtum: »In frühen asiatischen Zivilisationen kürten Frauen den König ... Als Voraussetzung für die Königsmacht galt die Ehe mit der irdischen Stellvertreterin der Göttin in Gestalt der Königin, worauf die eigentliche Bedeutung von ›Heilige Hochzeit‹ (Hieros Gamos) zurückzuführen ist.«

Seinen Samen, den männlichen Teil zum kosmischen Schöpfungsreigen, lässt ein Tantriker allerdings in der sexuellen Vereinigung idealerweise nicht fließen, sondern hält ihn zurück. Kein Wunder, denn das wäre ja eine Rückbindung an das Rad der Wiedergeburt, von dem er doch unter allen Umständen befreit werden will. Diese Form des tantrischen Geschlechtverkehrs ohne männlichen Orgasmus ist auch im tantrischen Hinduismus bekannt, in der Vereinigung Shivas mit seiner Shakti. Da der Mensch an irdische Äußerungsformen wie Nahrung und Zeugung gebunden ist und sich von seinen Instinkten und Trieben leiten lässt, dient die Sexualität dazu, das Stoffliche zu transzendieren. Ziel ist es, die geistigen Kräfte des Mannes durch die Zurückhaltung der Samenflüssigkeit und die Aufnahme von Energie zu steigern, die die Partnerin in ihren mehrfachen Orgasmen ausströmt. Die Energie wird im unteren Chakra am Ende der Wirbelsäule gespeichert und steigt dann bis zum obersten Chakra, dem Shiva-Chakra im Kopf, auf. Dort inspiriert sie dann den Mann zu geistigen Höhenflügen.

Wer sich die mönchische Lebensweise des Dalai Lama und die monastisch patriarchalisch hierarchische Struktur des tantrischen Buddhismus, dessen oberste Vertreter er ist, genauer anschaut, kann schnell erkennen, dass sich am weiblichkeitsfeindlichen System des Buddhismus nicht wirklich etwas geändert hat. Es ist offensichtlich, dass sich dieses System auch nicht sehr vom monotheistischen Christentum, insbesondere nicht vom Katholizismus unterscheidet. Die Parallelen zwischen einem Dalai Lama und einem Papst sind eklatant. Beide stehen an der Spitze einer Pyramide. Und die weist mit ihrer Spitze immer nach oben, in Umkehrung des uralten weiblichen Symbols des Dreiecks, dessen Spitze in Anlehnung an das Vulva-Dreieck der Frau immer nach unten zeigt. Beide, der Papst und der Dalai Lama, sind höchste Vertreter Gottes auf Erden bzw. die Emanation des höchsten ADI BUDDHA auf Erden. Beide propagieren das Zölibat. Und dass ein »Erleuchteter« wie Buddha genauso wenig wie Jesus durch profane Sexualität gezeugt worden sein kann, verlangt das weiblichkeitsfeindliche System beider Religionen.

Über die Geburtsgeschichte Buddhas schreibt das Ehepaar Trimondi:

»Maya, die Mutter des Erhabenen, hatte ihn nicht, wie nach indischer Vorstellung üblich, durch die Vermischung des männlichen mit dem weiblichen Samen empfangen, noch betrat er das Licht der Welt durch den natürlichen Geburtskanal. Es war ein weißer Elefant, der in einem Traum Mayas die Empfängnis auslöste. Auch verließ der Buddha den Leib seiner Mutter auf wunderbare Weise durch die Hüftseite, so dass der Gebärakt mit keinerlei Schmerz verbunden war. Weshalb diese Geburtsereignisse contra naturam? – weil alle Qualitäten des Weiblichen, das Menstruationsblut, die feminine Sexualität, die Empfängnis, die Schwangerschaft, der Gebärakt, ja selbst der Blick und das Lächeln einer Frau, von Anfang an für den Buddhismus nicht als Signatur der Lebensfreude gelten, sondern im Gegenteil, das menschliche Leben erschöpft sich – nach den Worten Buddhas – letztendlich in Krankheit, Alter und Sterben.« (S. 32)

Und auch der Tod von Maya, der leiblichen Mutter des historischen Buddhas, sieben Tage nach dessen Geburt, meint nicht nur den Tod einer einzelnen Mutter, denn Maya ist auch der Name der machtvollen indischen Göttin Maya. So schreiben die beiden oben genannten AutorInnen an anderer Stelle:

»In Maya verdichtet sich das gesamte materielle Universum, sie ist die Weltenfrau ... Das Wort Maya leitet sich von der Sanskritwurzel Ma ab, der wir unsere Begriffe Mutter, Materie und Maß verdanken. Die Göttin repräsentiert alles Quantitative, alles Materielle. Man verehrt sie als die ›Große Mutter‹, die die Schicksalsfäden der Welt spinnt. Das Gewebe, das daraus geknüpft wird, sind das Leben und die Natur ... Sie ist das Prinzip von Geburt und Wiedergeburt, welches zu überwinden das höchste Ziel eines Buddhisten darstellt.« (S. 34)

Wenn wir berücksichtigen, dass Maya aus dem Sanskrit übersetzt »Illusion« heißt, so steht am Anfang des Buddhismus die symbolische Tötung der Großen Mutter, der Ma-terie , der Substanz, aus der das Leben und damit auch das menschliche Leben wächst. Oft erscheint der Name dieser »Großen Muttergöttin« auch als Mara, der dreifachen Göttin in ihrer Gestalt als todbringende Greisin. Unter dem Begriff »Mara« finden wir in Barbara Walkers Lexikon »Das Geheime Wissen der Frauen« Folgendes:

»Der Name und seine Variationen sind von Indien bis zum nördlichen Europa zu finden. Die Buddhisten übersetzten ihn als ›Furcht vor dem Tod‹, und kombiniert mit Kama, dem erotischen Verlangen, schuf das den Dämon, der Buddha verführen wollte, seine Meditation aufzugeben, bevor er das wahre Wissen vom Nirwana erlangt hatte.«

Die Tötung der Großen Mutter kennen wir aber nicht nur im Buddhismus, sondern sie erscheint auch schon im sumerischen Raum bei der Tötung der alten Schöpfungsgöttin Tiamat durch ihren Sohn Marduk. Marduk war ursprünglich ein babylonischer Stadtgott, dessen Legenden stark die jüdischen Vorstellungen über Jahwe, den Gott des Alten Testaments, das den drei monotheistischen Religionen zugrunde liegt, beeinflussten. Barbara Walker schreibt dazu:

»Marduk behauptete, er habe die Welt durch die Trennung der himmlischen und der Wasser des Abgrunds geschaffen, so wie es auch Jahwe tat (Genesis 1,7); in Wirklichkeit spaltete Marduk den Körper seiner Mutter Tiamat, die alle ›Wasser‹ verkörperte. Marduk tötete auch den erstgeborenen König, Kingu, und schuf aus Kingus Blut den ersten Menschen – ein Mythos, der an den Glauben der Araber erinnert, dass Allah den Menschen aus fließendem Blut geschaffen habe. Außerdem erbte Marduk die Tafeln des heiligen Gesetzes, die die Muttergöttin ihrem älteren Lieblingssohn übergeben hatte. Dieselben Tafeln bekamen die babylonischen Könige auf dem heiligen Berg Zikkurat. Der Gott Moses übernahm auch diese Tradition.« (Barbara Walker: »Das Geheime Wissen der Frauen«, Stichwort: Marduk)

Die Namensähnlichkeit zwischen Ma-ya, dem jungfräulichen Aspekt der Mutter Buddhas, und Ma-ria, der jungfräulichen Mutter von Jesus, zeigt das Ausmaß der weiten Verbreitung der Alten Muttergöttin. Zwei Weltreligionen, die scheinbar so weit auseinanderliegen, haben beide nur das eine Ziel. Die Tötung der Großen Göttin, deren Bedeutung im Tao Te King noch gewürdigt wird, ist Voraussetzung für die Durchsetzung der neuen lebensverachtenden, frauenfeindlichen und sexualfeindlichen Religionen, einschließlich der buddhistischen. Die christliche Maria stirbt zwar nicht nach der Geburt ihres Sohnes, aber das einstmals mächtige Frauenbild wird in ihr getötet. Zurück bleibt eine keusche, dem männlichen Prinzip dienende und gehorsame Maria, die nicht aufschreit, als ihr Sohn Jesus, ihre Leibesfrucht, ans Kreuz geschlagen wird, sondern sich dem männlichen Prinzip des Todes als Befreiung von unserer Erbsünde unterordnet. Wenn sich Maria dem Todesopferplan eines mächtigen männlichen Schöpfergottes nicht widersetzt, wie können sich dann die späteren Mütter dem Ruf des Todes, dem Ruf des Krieges widersetzen, wenn irgendein oberster geistlicher oder weltlicher Herrscher die Lebenskraft ihrer Kinder als Opfer fordert?

Interessant ist in diesem Zusammenhang, dass der jüdisch-christliche Mythos behauptet, durch den Sündenfall der Frau und durch die Sexualität sei der Tod in die Welt gekommen, während im Hinduismus eine gegenteilige Legende bekannt ist. Demnach ist der Tod in der Welt erschienen, weil Ya-ma, der Herrscher über die Toten, die männliche Entsprechung zu Ma-ya, der Herrin des Lebens, deren Name der seinige in Umkehrung war, sich weigerte, sich geschlechtlich zu vereinigen, weil er keusch bleiben wollte. Da er sich von seiner weiblichen Hälfte trennte und die lebenserhaltenden Kräfte des Weiblichen von sich wies, wurde er der erste sterbliche Mensch. Er stieg in die Unterwelt hinab und wurde ihr König. In Yamas Geschichte entspringt der Tod also der männlichen Keuschheit (Barbara Walker: »Das Geheime Wissen der Frauen«, Stichwort: Yama).

Das Leben des Mannes im Zölibat und die Frau, die als Verführerin gefürchtet wird, dieses Muster ist in den heutigen sogenannten Weltreligionen weit verbreitet. Aber ohne körperliche Liebe gibt es keine Zeugung und ohne Zeugung gibt es keine Geburt, kein neues Leben.

Obwohl gleichzeitig reichlich Nachkommen erwünscht sind, ist dieses Ideal der sexuellen Enthaltsamkeit die ethische Grundlage großer Teile unserer Kultur – der westlichen wie auch der östlichen – und in ihm liegt auch die große Instabilität patriarchalischer Reiche. Sie sind zum Untergang verdammt, weil sie nicht am Leben, an den Naturgesetzen irdischen Lebens (welche ja auch nicht unkontrollierte Vermehrung und Wachstum bedeuten), an der Ma-terie orientiert sind. Reiche, die nicht mit den Naturgesetzen im Einklang stehen, können nicht im Gleichgewicht sein und sind daher zwangsläufig instabil und damit flüchtig. Die großen Herrschaftsreiche der letzten fünftausend Jahre sind allesamt zerbrochen. Doch während in den letzten Jahrtausenden eher lokale, hierarchisch patriarchalisch aufgebaute Machtreiche – eines nach dem anderen – untergingen, ist nun mit der Globalisierung, der Herrschaft der Konzerne und der ihr zugrunde liegenden Form der »Herrschaftlichen Wirtschaft«, nicht nur ein Teil des Lebens auf dieser Erde bedroht, vielmehr läuft die Erde Gefahr als Ganzes zu sterben. Und dies ist kein Wunder, wenn die Werteorientierung einer Gesellschaft am männlichen, gewaltsam und künstlich herbeigeführten Tod und nicht am Leben und an der Tödin erfolgt, die im Gegensatz zu ihrem männlichen Zerrbild in den Kreislauf des Lebens eingebettet ist.

# Die heiligen Silben Ma, Om und Ka

Buchstaben und Silben sind ihrer Natur nach lebendig. Spüren wir den Ursprüngen der heiligen Silben Ma, Om und Ka nach, so offenbaren sich interessante Geheimnisse und Abgründe:

Zu den ältesten matriarchalen Hochkulturen zählen Sumer und die Induskultur mit den berühmten Städten Harappa und Mohenjo Daro. Auch heute noch gibt es in Indien eine der größten matriarchalen Kulturen: Die Khasi, die die sogenannten Khasiberge bewohnen. Die Göttin der Khasi heißt Ka Blei im Gegensatz zu U-Blei dem männlichen Aspekt des Gottes.

In Indien wird auch noch die weltweit mächtigste autarke Göttin Kali verehrt, allerdings fast nur noch in ihrem zerstörerischen dunklen Aspekt. Deshalb wird sie meist schwarz dargestellt. Vier Arme stehen ihr zur Verfügung. In einer Hand hält sie ein Schwert, in der zweiten den blutenden Kopf eines Dämons, mit den beiden anderen Händen ermutigt sie ihre VerehrerInnen. Um ihren Hals trägt sie oft eine Kette aus abgeschlagenen Männerköpfen oder Skeletten. Ihre Zunge hängt aus ihrem Mund und ihre Brüste sind oft blutbeschmiert. Sie steht auf ihrem toten Gemahl Shiva, dem zerstörerischen männlichen Aspekt der heute rein männlich besetzten hinduistisch-vedischen Dreiheit: Brahma, der Erschaffer, Vishnu, der Bewahrer, und Shiva, der Zerstörer. Beschäftigt sich frau länger mit dieser für unseren Kulturkreis so ungewohnten furchterregenden Göttin, so entsteht Hoffnung, denn von Kali könnte die Rettung dieser Welt ausgehen. Der Dämon, dem Kali den Kopf abschlägt, könnte das Patriarchat sein und der Sieg über Shiva, der ursprünglich ein reiner Fruchtbarkeitsheros war und nun im hinduistischen Götterpantheon eine Stellung inne hat, die ihm gar nicht zusteht, ist ein Symbol großer Gerechtigkeit. Die Erde ist im Ungleichgewicht, weil der männliche zerstörerische Aspekt, unter anderem auch verkörpert in Shiva, überwiegt und der kreativ-weibliche Aspekt des Werdens und des Gebärens verachtet wird. Kali hat – wie viele Frauen – die Nase voll von diesem Ungleichgewicht, denn eigentlich steht ihr die Macht und die Verehrung dieser Welt zu, denn sie ist neben der summerisch-babylonischen Göttin Tiamat (Dia mater) die universale ursprüngliche Große Schöpfungsgöttin, aus deren gestaltlosem Körper das Universum geboren wurde. Kali war immer eine Dreiheit, die erst später in der Dreieinigkeit männlich besetzt wurde. Die Dreiheit der Göttin Kali als Schöpferin, Bewahrerin und Zerstörerin bestand aus Parvati oder Maya, der Jungfrau, Durga der Königin-Mutter und Uma oder Prisni, dem Alten Weib.

Die indo-europäischen Sprachen, die ursprünglich vom Sanskrit abstammen, sollen Kalis Erfindung gewesen sein. Sie schuf die magischen Buchstaben des Sanskrit-Alphabets. Magisch waren diese Buchstaben, weil sie für die ursprüngliche Schöpfungsenergien standen und als deren lautliche Äußerung verstanden wurden.

Der heiligste von allen Buchstaben ist das M. Es symbolisiert das Wasser in seinem Ursprung der großen Tiefe, dem Urschöpfungsgrund. Die Glyphe für Wasser als Woge ist das MM. Eine grundlegende Stammsilbe der indo-europäischen Sprachen ist das Ma, in der sich auch die Verehrung des elementaren Namens der Großen Göttin ausdrückt. Ma-Ma bedeutet in fast allen Sprachen Mutterbrust, als Symbol für die leibliche Mutter. Die leibliche Mutter als erdgebundene Realität, als Ma-terie nicht als Illusion, aber auch als die Große Schöpfergöttin, aus der sich die Form, das Sichtbare, die Materie herausgebildet hat. Die altägyptische Göttin Maat, deren Name ebenfalls auf der Stammsilbe Ma basiert, ist die Personifikation der »Wahrheit« und der »Gerechtigkeit«. Die Feder Maats, gegen die die Seele eines Menschen aufgewogen wurde, entwickelte sich zu einer Hieroglyphe für Wahrheit, für die Wahrheit, dass das Göttliche ursprünglich weiblich war und nicht männlich, wie uns alle Weltreligionen heute »weismachen« wollen. Als Symbol für die Große universale Muttergöttin ist die Silbe Ma auch als Restbestand in den heutigen sogenannten Weltreligionen zu finden: Ma-ya, ursprünglich Bestandteil der Großen indischen weiblichen Trinität, heißt der Legende nach die leibliche Mutter von Buddha, Ma-ria ist die Mutter von Jesus und Fati-ma die Tochter Mohammeds.

Das allumfassende Schöpfungswort, das auch heute noch wichtigste Mantra der östlichen Religionen ist die Silbe Om, denn Om war das Schöpfungswort, dass die Große Göttin bei der Hervorbringung der materiellen Welt von sich gab. Sie beschwor damit ihren eigenen schwangeren Bauch. Die fünfzig Buchstaben von Kalis Sanskrit-Alphabet waren matrika, »Mütter«. Hinduistische Schriften besagten: »So wie die Mutter Leben gibt, so geht aus den matrika oder Lauten die Welt hervor.« (Barbara Walker: »Das Geheime Wissen der Frauen«, Stichwort: Logos). Die Silbe Om wurde als Mutter der Mantras, als matrikamantra, als das höchste Wort, als die Mutter aller Laute bezeichnet. Im Arabischen wurde die Silbe Om zu Umm, dem Logos der Sufis, was Mutter oder Prototyp bedeutet. Om-phalos bezeichnete im Griechischen den Nabel oder Mittelpunkt der Welt, entsprechend dem Mittelpunkt des Körpers, mit dem alle Menschen mit ihrer eigenen Mutter verbunden sind. Om war Alpha, der Buchstabe der Schöpfung, der nochmals als der letzte Buchstabe der Zerstörung, als Omega, wörtlich »großes Om«, wiederholt wurde. Die griechische Form des Buchstaben Omega ist ein Hufeisen und basiert auf dem hinduistischen Symbol des yonischen Tores, mit der die Vulva, die Eintrittspforte allen menschlichen Lebens dargestellt wird.

Als der Gott der Bibel in der Offenbarung des Johannes (Offenbarung 1, Vers 8) ausrief: »Ich bin das A und das O, spricht Gott der Herr, der da ist, der da war und der da kommt, der Allmächtige«, nahm er für sich Worte in Anspruch, die aus dem Tempel der Großen Mutter bei Sais stammen und dort bereits lange vor der Bibel in Stein gehauen worden waren. Sais war ca. 700 v. u. Z. die Hauptstadt Ägyptens, in der die Große Göttin Isis in ihrem Aspekt als Neith verehrt wurde. Ein Jahrtausend später übernahmen die

Christen den Tempel von Sais und wandelten ihn in eine der Jungfrau Maria geweihte Kirche um (siehe Barbara Walker: »Das Geheime Wissen der Frauen«, Stichwort: Sais). Die Fürsten von Sais waren die Kuschiten. Die Kuschitenherrscher leiteten während der 25. Dynastie in Ägypten zwischen 750 und 655 v. u. Z. die sogenannte »kuschitische Renaissance« ein, in deren Verlauf alte religiöse Schriften gesammelt wurden und der religiöse Kult eine Reform erfuhr. Es ist bekannt, dass das kuschitische Königtum mutterrechtliche Züge trug (siehe Regine Schulz und Matthias Seidel (Hg.): Ägypten – Die Welt der Pharaonen).

Die Silbe Ka, wie wir sie von der Göttin Kali oder der Göttin Ka Blei kennen, ist ebenfalls eine heilige Silbe. Sie ist in interessanten Worten enthalten, mit denen wir ein wenig jonglieren können:

Ka war im alten Ägypten die unsterbliche Seele, die für Lebenskraft, Formbildung und Wachstum stand. Die Hieroglyphen für Ka sind der Stier mit seinen Hörnern oder ein Paar aufgerichtete Arme mit angewinkelten Ellenbogen. In dieser Haltung wurde oft die Große Göttin angerufen. Als Symbol erscheint dieses liegende Ka in Form von Kuhhörnern auf dem Kopf der altägyptischen Göttin Hathor und umschließt dabei die Sonnenscheibe. Die Kuh war die verbreitetste Manifestation der Großen Mutter, denn als Bewahrerin war sie die weiße, gehörnte, milchgebende Mondkuh, die als Symbol der Kali in Indien immer noch heilig ist. In Ägypten wurde Mutter Hathor als Himmelskuh verehrt, aus deren Euter die Milchstraße entsprang, deren Körper das Firmament bildete und die täglich die Sonne gebar. Die Sonne war Horus-Ra, ihr Goldenes Kalb, dieselbe Gottheit, die die Israeliten bei ihrem Auszug aus Ägypten am Fuße des Berges Mose verehrten (siehe Barbara Walker: «Das Geheime Wissen der Frauen«, Stichwort: Kuh).

Ka-aba heißt der Schrein des heiligen Steins von Mekka, der in vorislamischen Zeiten der dreieinigen Großen Göttin Menat, al-Lat und al-Uzza geweiht war.

Ka-bbala ist der Name für die mystische Seite des Judentums. Eine Grundannahme der Kabbala war, dass alle Übel der Welt aus dem Verlust der Verbindung Gottes mit seiner weiblichen Ergänzung, der Schechina, stammen.

Ka-in: So wird nach rabbinischer Überlieferung Evas Erstgeborener (nicht von Adam, sondern von der Schlange, einem Ursymbol der Großen Göttin, gezeugt) genannt. Die Bibel schreibt dazu, dass Kain seinen Bruder Abel aus Eifersucht umgebracht hat, nachdem Gott Vater das Opfer Kains, das aus Feldfrüchten bestand, zurückgewiesen hat, während er Abels blutiges Opfer annahm.

Ka-nnibalismus: Barbara Walker schreibt in ihrem Lexikon »Das geheime Wissen der Frauen« zu diesem Begriff: »Das am konsequentesten befolgte Tabu der ›zivilisierten‹ Gesellschaft ist das Tabu, kein Menschenfleisch zu verzehren, obwohl es kein vergleichbares Tabu gegen das Töten gibt, was ja regelmäßig geschieht, manchmal in ungeheuren Ausmaßen, zum Beispiel in Kriegen … Die abendländische Moral hat Massentötungen immer erlaubt und sogar gefördert, vorausgesetzt, dass die Toten nicht zur Nahrung der Lebenden wurden.« Kannibalismus geht aber ursprünglich auf den Wiedergeburtsglauben der Alten Göttinnenkulturen zurück. »Die Naturvölker glaubten, dass, wer neu geboren werden wollte, zuerst in den Körper einer Frau eingehen musste. Der einfachste Weg das zu erreichen war, von einer Frau gegessen zu werden. Aus dieser Wurzel entspringt die Reinkarnation: Wörtlich übersetzt das Wieder-in-Fleisch-gekleidet-Werden. Vor der Entdeckung des Vorgangs der Befruchtung freute sich ein sterbender Mensch darauf, von einer der Stammesmütter wiedergeboren zu werden, die sein Fleisch und Blut in das eines Neugeborenen verwandeln würde. Die Auferstehung kam von der mysteriösen Magie der Frauen, die wie die Erde immer wieder neues Leben schenkten. Von den Eingeborenenfrauen Australiens ist bekannt, dass sie ihre gestorbenen Kinder aßen, dann malten sie ihre Knochen rot an und hängten sie über sich auf: Eine einfache Magie, um die Rückkehr der Kinder in die Gebärmutter zu ermöglichen.« Später ergaben sich daraus die oft blutigen Opferrituale, für die das Opfer, das getötet werden sollte, den Gott verkörperte. »Das Aufessen des Gottes bedeutete ein Einswerden mit Gott. Indem Gott gegessen wurde, wurde der Essende Fleisch von Gottes Fleisch. Im symbolischen Sinn praktizieren eben dieses Ritual die heutigen Katholiken in ihrer heiligen Eucharistiefeier.«

Ka-stration: Sämtliche Mythologien legen den Schluss nahe, dass die Männer, bevor sie ihre reproduktive Rolle verstanden, versucht haben, sich selbst zu »Frauen zu machen«, in der Hoffnung, dadurch eine Fruchtbarkeit wie die Frauen zu erlangen. Eine Methode war die Couvade, das Nachahmen der Geburt, und es gab Transvestismus oder die zeremonielle Kastration. Eine abgewandelte Form der Kastration ist die Beschneidung. Das Ziel der Beschneidung war zu feminisieren. In Indien wurden die Jungen am Abend vor der Beschneidungszeremonie wie Mädchen gekleidet, mit Nasenring und allem. Auch im alten Ägypten trugen die Jungen auf ihrem Weg zur Beschneidung Mädchenkleider, ihnen folgte eine Frau, die Salz verstreute, ein gebräuchliches ägyptisches Symbol für das lebensspendende Menstruationsblut. Die Beschneidung fand mit dreizehn Jahren statt; dreizehn ist auch die Anzahl der Monate des Jahres nach dem alten Menstruationskalender und dreizehn ist das traditionelle Alter für die Menarche. Nachdem die Juden die Beschneidung von den Ägyptern übernommen hatten, verlegten sie sie in die frühe Kindheit, wobei sie die Pubertätszeremonie, genannt Bar-Mizwah, interessanterweise an dem Zeitpunkt im Leben eines Jungen beließen, an dem wirklich nichts geschieht, im Gegensatz zu dem plötzlichen Einsetzen der Menarche bei einem Mädchen. Gab es nicht mal einen berühmten Psychoanalytiker, der vom Penisneid der Frauen sprach? Die Tatsachen sprechen allerdings eher für einen Vulvaneid der Männer.

Ka-tholiken: Teil der christlichen Kirche, die in besonderem Maße Ma-ria als Mutter Gottes und Himmelskönigin verehren, was ein alter Titel der Großen Muttergöttin ist.

Ka-thedrale: Großartiges Gotteshaus, das besonders häufig der Mutter Gottes gewidmet ist und oft ein buntes Rosettenfenster in Form eines Kreises aufweist wie z. B. die Heilige Kathedrale von Notre Dame in Paris oder die Heilige Kathedrale von Chartres, die der Schwarzen Madonna Notre Dame Sous Terre (unserer Lieben Frau unter der Erde) gewidmet ist.

Ka-tze: Heiliges Tier der Muttergöttin, das durch seine Nachtaktivität mit der Mondin assoziiert war und am häufigsten mit Hexen in Verbindung gebracht wurde.

Kali-Yuga: hauptsächlich in den östlichen Religionen bekanntes, jetziges, letztes kosmologisches Zeitalter. Demnach gibt es vier Zeitalter. Das erste Zeitalter war das Satya-Yuga, das sogenannte Goldene Zeitalter, in dem der Mensch noch nicht getrennt war von der Wahrheit und den Gesetzen der Natur. Danach setzte sich eine Abwärtsspirale in Bewegung und es entstanden nacheinander das Silberne und das Kupferne Zeitalter, auch bekannt als das Treta- und das Dwapara Zeitalter. Derzeit befinden wir uns im eisernen Zeitalter, dem Kali-Yuga. Es gilt als das dunkle Zeitalter. Die Menschen sind dem Ma-teriellen so verhaftet, dass sie das Göttliche nicht erkennen. In der Regel ist mit dem Materiellen das Geld und seine Manifestationen und mit dem Göttlichen das transzendental Göttliche, der reine Geist, gemeint. Die Göttin Kali, die heute hauptsächlich in ihrem dunklen Aspekt dargestellt wird und von vielen daher nur als Verursacherin von Tod, Zerstörung und Elend gesehen wird, gilt als Symbol für den Fall des Geistes in die Degeneration des Stofflichen. Am Ende des Kali-Yuga wird unsere Welt zerstört werden und eine bessere Welt, das Neue Goldene Zeitalter wird kommen. Damit dieses Zeitalter beginnen kann, warten alle auf den großen (natürlich männlichen) Lehrer, den Ma-itreya oder den Messias.

Das Kali-Yuga könnte aber auch ganz anders gesehen werden, denn die Göttin Kali ist auch die Vernichterin der Unwissenheit, die Befreierin der falschen Illusion des Patriarchats, nach dem der Mann die Krone der Schöpfung ist. Kali ist auch die Erneuerin, die das Alte vernichtet, damit Neues werden kann. So entsteht in dem Dunklen das Licht, im Kreis des Lebens das Neue Goldene Zeitalter, in dem die Große Muttergöttin erkannt werden wird. Vivekananda, ein Schüler Ramakrishnas, prophezeite im 19. Jahrhundert ein Wiederaufleben der Gott-Mutter, die von patriarchalen Religionen aus dem Bewusstsein der Menschen verdrängt worden war: »Eines sehe ich so klar vor mir wie die Wirklichkeit, dass nämlich die Urmutter wieder erwacht und verjüngt und strahlender denn je ihren Thron besteigt. Kündigt sie der Welt an mit der Stimme des Friedens und des Segens« (zit. nach Barbara Walker: »Das geheime Wissen der Frauen«, Stichwort: Kali Ma).

Ka-tastrophe: Der Zustand, die Große Muttergöttin vergessen zu haben, in all seinen Erscheinungsformen: hierarchisches Gesellschaftssystem, Massentötungen in Kriegen, Militarismus, Sklaventum, kapitalistische Ausbeutung, Evolutionstheorie im Sinn des Rechts des Stärkeren, Umweltverschmutzung bis hin zur Umweltzerstörung, Legitimierung von verbaler, symbolischer und körperlicher Gewalt, insbesondere gegenüber Frauen mit dem Endziel der Zerstörung der ökologischen Lebensgrundlage auf dem Planeten Erde.

## *Die Geschichte vom Guten Leben*

Diese Geschichte wurde in verschiedenen Variationen schon unendlich oft erzählt.

In einem »Entwicklungsland« kommt ein Fischer in seinem Kanu vom Fischfang nach Hause und trifft einen ausländischen Wirtschaftsexperten, der in diesem Land arbeitet. Der Experte fragt den Fischer, warum er schon so früh zurück sei. Dieser antwortet, dass er durchaus länger hätte fischen können, doch was er gefangen habe, reiche, um seine Familie zu versorgen.

»Und was machen Sie so mit all der Zeit?«, will der Fachmann wissen.

Der Fischer antwortet: »Na ja, ich fische ein wenig. Ich spiele mit meinen Kindern. Wenn es heiß wird, halte ich Siesta. Abends essen wir zusammen. Später treffe ich mich mit meinen Freunden, wir machen Musik und so weiter.«

Hier unterbricht ihn der Wirtschaftsexperte: »Schauen Sie mal, ich habe ein Universitätsdiplom und kenne mich aus. Ich möchte Ihnen helfen. Sie sollten länger zum Fang hinausfahren. Dann würden Sie mehr verdienen und könnten sich bald ein größeres Boot zulegen. Mit einem größeren Boot würden Sie mehr verdienen und hätten bald eine ganze Fangflotte aufgebaut.«

»Und dann?«, fragt der Fischer.

»Ja, dann brauchten Sie den Fisch nicht länger über einen Zwischenhändler zu verkaufen, sondern könnten direkt mit der Fabrik verhandeln oder sogar selbst eine Fischfabrik aufbauen. Sie könnten ihr Dorf verlassen und nach Paris oder New York ziehen und von dort aus die

Geschäfte führen. Vielleicht hätten Sie auch Lust, mit Ihrem Unternehmen an die Börse zu gehen und richtig reich zu werden.«

»Wie lange würde das Ganze dauern?«, will der Fischer wissen.

»So ungefähr 15 bis 20 Jahre«, erwidert der Experte.

»Und danach?«

»Dann wird das Leben erst richtig interessant! Sie könnten sich zur Ruhe setzen. Sie könnten dem ganzen Trubel entgehen und in irgendein ruhiges Dorf ziehen.«

»Und was dann?«, fragt der Fischer weiter.

»Dann haben Sie Zeit für alles: Sie können ein wenig fischen, mit Ihren Kindern spielen, Siesta halten, wenn es heiß wird, mit der Familie zu Abend essen und sich mit Freunden treffen, um Musik zu machen.«

# Furchtsame Gedanken zur Fruchtbarkeit

In jedem Menschen gibt es ein uraltes tiefes Wissen, dazu Wörter, die innere Bilder auslösen. Dazu gehört das Wort Fruchtbarkeit.

*Marktbilder:* Runde, süß-saure Äpfel, saftige, zu Bergen aufgetürmte knalligfarbene Orangen, gelb-braune, an Erde erinnernde Kartoffeln, grüne, phallusförmige Zucchini, lila glänzende Auberginen, dicke rote Herzkirschen, die einem das Wasser im Munde zusammenlaufen lassen.

*Landschaftsbilder:* Braune, vor Feuchtigkeit glänzende umgepflügte Erdschollen, grüne Landschaften mit Grün in all seinen Schattierungen, hellgrünes Gras, mittelgrünes Laub, dunkelgrüne Nadeln, schattenspendende, erquickende Kastanien, bunte Blüten, weiße, blaue, rosa, rote, gelbe Blumenmeere, allesamt assoziiert mit Wasser, sauberem, erfrischendem fruchtbringendem Wasser.

*Menschenbilder:* kugelrunde, einen Bauch vor sich herschiebende Frauen, süße Babys, Eltern mit Kindern, fröhlich, unbeschwert herumtollende Kinder, weinende, schreiende, streitende Kinder, Kinder mit Hunger und Durst, Kinder mit vollen Windeln, verdreckt, nass, verschmiert, Gläser umkippende Kinder, schmusende, liebebedürftige Kinder, Schulkinder, Hausaufgaben machende Kinder, verzweifelte Kinder, gefahren werden wollende Kinder, Musikschulkinder, tanzende Kinder, Fußballvereinskinder, Kinder mit Sehnsucht nach Freunden, Kinder mit Sehnsucht nach Liebe und Zeit, Kinder mit Sehnsucht nach Geschichten, Spiel und Gemütlichkeit, traurige Kinder, ärgerliche Kinder, blutende Kinder und Kuschelkinder, ja immer wieder Kuschelkinder und dann Jugendliche, die in dieser Gesellschaft kaum gebraucht werden.

Fruchtbarkeit wurde in allen Kulturen mit dem Leben gleichgesetzt und nicht umsonst wurden viele heilige Rituale um die Fruchtbarkeit entwickelt. Was bedeutet aber Fruchtbarkeit heute?

*Andere Menschenbilder:* In Deutschland 3,7 Millionen Arbeitslose, hohe Jugendarbeitslosigkeit, jede fünfte Familie in Deutschland von Arbeitslosigkeit betroffen, Lehrstellenmangel, Studiengebühren, die den Druck auf die Lehrstellen noch erhöhen werden und Kindern aus ärmeren Familien das Studium unmöglich machen werden, Anstieg der Kinderarmut, jedes zehnte Kind gilt in Deutschland schon als arm, bis zur Erschöpfung arbeitende Väter und Mütter, bis zur Erschöpfung arbeitende Singles, die sich den Luxus Familie nicht mehr leisten können, denn wer noch Arbeit hat, hat Glück, aber keine Zeit mehr für dieses Glück, leere Rentenkassen, Reproduktionsrate bei 1,3, demographische Katastrophe, höchste Staatsverschuldung (wer trägt die Zinsenlast?).

Auf globaler Ebene die verhungernden Kinder, in Slums oder Abwasserkanälen lebende Straßenkinder, Benzin schnüffelnde Kinder, brutal abgerichtete Kindersoldaten, von Pornoringen sexuell misshandelte und gequälte Kinder, jedes Jahr neu 3 Millionen an Genitalien verstümmelte Mädchen.

*Wirtschaftsbilder:* Globalisierung, weltweite Konkurrenz, Wahnsinnsdruck, da Renditen bis zu 27 % erzielt werden »müssen«. Amerikanische Firmen als Trendsetter. Amerikanische Kinderarmut auch ein Trend? Eine Fusion nach der anderen, die aber gar nicht so erfolgreich zu sein scheinen, wie das Beispiel Daimler-Chrysler-Mitsubishi oder BMW-Rover zeigen. Aber der globale Wettbewerb erfordert angeblich diese Größe. Managergehälter von 11,1 Millionen Euro pro Jahr – und weit und breit niemand, der diese Gehälter ernsthaft in Frage stellt. Shareholdervalue vor Human Value! Wie Lemminge laufen wir alle diesen tollen Wirtschaftsbossen in maßgeschneiderten Anzügen hinterher, die uns weismachen wollen, dass sie ja nur Opfer dieses globalisierten Zauberkapitalismus sind und dass sie auf der Jagd nach dem großen Geld nicht anders als mit der Maxime »immer größer, immer schneller, immer höher« reagieren können. Arme Opfer, wirklich arme gestylte Opfer, die wir jeden Tag in den Medien präsentiert bekommen!

Ach wie schön waren noch die Zeiten von Lean Management, als der Mensch in den Mittelpunkt des Unternehmens gestellt werden sollte, der Mensch als Kunde, der Mensch als Lieferant und der Mensch als Mitarbeiter – denn die wertvollste Ressource in einem Unternehmen soll der Mensch sein. Der Mensch als Humankapital natürlich, denn gibt es beim Kapital nicht immer diese praktischen Abschreibungen? Wie schön waren auch die Zeiten, als das Modell der Ganzheitlichkeit mit den magischen Worten Teamarbeit und Sozialkompetenz verknüpft wurde. Denn sitzen wir nicht alle im selben Boot? Und, wie schön waren die Zeiten, als proaktives Verhalten höher geschätzt wurde als reaktives Verhalten, und alle noch wussten, dass die Lemminge den Bach, genauer gesagt, den Abhang runter gegangen sind.

Heute spielen wir ein neues Spiel: Gobal Pressure Management. Wie viel Druck hält ein Mensch aus, ein Singlemitarbeiter, der aus Angst um den Arbeitsplatz auf eine eigene Familie verzichtet, ein Mitarbeitervater, eine Mitarbeitermutter, ein, zwei, drei, vier Mitarbeiterkinder, ein Lieferant, ein Mittelständler, ein Arbeitsloser, ein 1-Euro-Jobber, ein Jugendlicher, dem keine Zukunft mehr geboten wird, ein politisch mündiger Bürger, dem jeden Tag die süßen Früchte der Machtegomanie vor die Nase gehängt werden? Den Kunden haben wir sowieso vergessen, denn der irrt einsam durch unsere Läden, auf der Suche nach einem der seltenen Mitarbeiter, welcher eines dieser Hightechprodukte mal erklären kann. Gab es nicht mal einen weisen Mann der Wirtschaft, der gesagt haben soll: »Nur Menschen kaufen Autos«? Und haben wir vergessen, dass das nicht nur für Autos, sondern gleichermaßen für alle Produkte und Dienstleistungen gilt?

Fruchtbarkeit, die Fähigkeit, Frucht zu tragen, fruchtbar zu sein, ist, archaisch gesehen, positiv besetzt. Es bedeutet, Ertrag abzuwerfen, erfolgreich und nützlich zu sein. Fruchtbarkeitsriten zählen zu den ältesten Ritualen der Menschheit.

In Zeiten von Global Pressure Management bedeutet es jedoch etwas anderes: für die Wirtschaft 24 Stunden am Tag, mindestens sechs Tage die Woche verfügbar zu sein, denn die neue Heimat der Global Players ist das »globale corporate identity Hotel«, dem man die Marke, nicht jedoch die nationale Zugehörigkeit zuordnen kann. Pech aber auch, dass Kinder immer noch lautstark ihr zum Überleben notwendiges Recht auf die Anwesenheit von Bezugspersonen, vorzugsweise der Eltern, zum Ausdruck bringen, dem diese Wohnstätten der Mobilität leider keine Rechnung tragen.

Fruchtbarkeit bedeutet, in dem künstlich hochgeschraubten, brutalen Wettbewerb nicht immer ausgeschlafen und damit fehleranfälliger zu sein, denn leider haben die kleinen Kinder von heute immer noch die unangenehme Eigenschaft, sich dem funktionalen Zeitmanagement zu widersetzen und nicht immer durchschlafen zu wollen. Vorbei auch die schönen Zeiten, in denen entdeckte Fehler noch mit Prämien honoriert wurden, um das Qualitätsmanagement zu steigern, wie wir es ursprünglich mit Kaizen in der Lean Production kennen gelernt haben. Fruchtbarkeit bedeutet heute auch, einen eindeutigen Hang zur Schizophrenie zu haben, denn ohne die Fähigkeit, sich in zwei Wesen aufspalten zu können, die scheinbar nichts mehr miteinander zu tun haben, geht gar nichts in dieser überschnellen, flexiblen, durchrationalisierten, globalen Welt. Aber egal wo Frau/Mann sich engagiert, Recht machen kann man es keiner Seite: Entweder kommt die Familie oder der so anfällige Job zu kurz. Das permanent schlechte Gewissen gibt es gratis dazu.

Für Frauen in Deutschland bedeutet Fruchtbarkeit zudem in der Regel immer noch, auf eigenes Einkommen verzichten zu müssen, weil die Rahmenbedingungen für die Vereinbarkeit von Familie und Beruf nicht gegeben sind. Ganztagsschulen und Förderunterricht haben Seltenheitswert und sind nur in Großstädten zu finden. Aber versuchen Sie mal als fruchtbare Familie in München, in der Stadt der Singles, Wohnraum zu finden. Viel Erfolg!

De facto und allem Idealismus zum Trotz bedeutet Fruchtbarkeit heute wirtschaftlichen Abstieg und höchstes Armutsrisiko, also das Gegenteil von Erfolg. Wen wundert da der Gebärstreik zukünftiger Eltern?

Für eine erfolgreiche, sinnvolle Fruchtbarkeit in einer zivilisatorischen, der Geburtenregelung kundigen Gesellschaft, mit Frauen, denen die gleichen Bildungschancen eingeräumt werden wie Männern, brauchen wir Luft zum Atmen, aber die wird uns immer mehr abgedrückt.

Für Fruchtbarkeit brauchen wir Hoffnung auf eine bessere Zukunft für unsere Kinder, aber die wird uns immer mehr genommen.

Für Fruchtbarkeit brauchen wir existentielle Sicherheit, aber die wird ersetzt durch einen mörderischen Konkurrenzkampf auf dem Arbeitsmarkt.

Für Fruchtbarkeit brauchen wir die Perspektive einer Partnerschaftsgesellschaft, in der die Erziehung und Pflege der Kinder auf mehrere Schultern gleichmäßig verteilt wird. Tatsächlich haben wir aber immer noch eine vorherrschende Inferiorisierung der sogenannten Nichterwerbsarbeit und eine einseitige Lastenverteilung zu Ungunsten der Frauen.

Für Fruchtbarkeit brauchen wir Zeit zum Träumen, denn nur mit Visionen werden wir uns die Zeit nehmen, die Menschenkinder nun mal für ihre einmalig lange Entwicklung brauchen. Zeit für Reifung – dies ist der Preis der menschlichen Evolution.

Auch Unfruchtbarkeit hat ihre Schönheit – durchaus. Wer wollte bestreiten, dass gelbe Wüstenlandstriche, vom Wind sanft gewellt, Steinwüsten mit ihrem rot-braun-schwarzen Farbenspiel, Salzwüsten mit ihren glitzernden kristallinen Strukturen nicht schön wären? Wunderschön sind sie, aber sie werden nicht mit Leben, sondern mit Tod assoziiert.

Glauben wir wirklich, dass wir alte archaische Bilder, die auf einem tiefen Urwissen der Menschen beruhen, ungestraft auf den Kopf stellen können?

Aber halt, keine Sorge, schon Adenauer wusste: »Kinder bekommen die Menschen immer.« Wenn nicht in unserer westlichen, aufgeklärten, demokratischen Gesellschaft, so auf jeden Fall in den monotheistisch, männlichen Herrschaftshochburgen anderer Kulturen. Und da haben wir ja die Lösung: »Im Namen Allahs, des Allbarmherzigen! Lob und Preis sei Allah, dem Herrn aller Weltenbewohner ...« (1. Sure)

Was aber wäre eine Lösung, die allen – auch Frauen – gerecht würde?

# Herrschaftliche Wirtschaft – Profitmaximierung und Ausbeutung

Neben dem Militarismus, neben einem monotheistischen herrschenden Manngottbild bzw. einem abstrakten entleiblichten Gottesbild hat das Zeitalter des Patriarchats noch ein weiteres Erscheinungsbild hervorgebracht: die Ausbeutung anderer Menschen zum Nutzen einiger weniger, die herrschen und davon profitieren. Die friedlichen, matriarchal ausgerichteten, egalitären Konsensgesellschaften, die vor ca. 6 000 bis 8 000 Jahren das überwiegende Gesellschaftsmodell bildeten, waren den Gewalt anwendenden Kriegerhorden unterlegen, sie wurden unterjocht, versklavt und ihrer Freiheit beraubt. Mithilfe dieses Sklaventums waren die Kriegsgewinnler in der Lage, ihre Ländereien, ihre Macht und ihren Reichtum aufzubauen. Ein anschauliches Beispiel hierfür ist der Pyramidenbau im alten Ägypten, ein grandioses Beispiel einer hierarchischen, pyramidenartigen Gesellschaft, in der der Pharao seine Macht aus der Ausbeutung anderer Menschen bezog und diese Macht auch noch religiös zementierte, denn der Pharao war gottgleich.

Die monumentalen Paläste und Tempelanlagen, die ab diesem Zeitpunkt allerorten entstanden, sind mit dem Schweiß, den Tränen, der Qual, der Gesundheit und oft auch mit dem Blut von unzähligen Menschen bezahlt worden. Menschen, die ursprünglich in freien Gemeinschaften gelebt hatten und nun mit einem bewaffneten Erzwingungsstab dazu gebracht wurden, nicht für sich selbst, sondern für andere zu arbeiten. In dieser Zeit begann unsere sogenannte Zivilisation, die wir auf Reisen in nahe und ferne Städte und Länder auch in Form von monumentalen Bauten bewundern können. Die Bedingungen unter denen diese Werke entstanden sind, verdrängen wir. Die Ausbeutung anderer Menschen zum Nutzen der an der Spitze stehenden Gesellschaftsschicht, das bis heute hierarchische Gesellschaftssystem, hat hier seine Wurzeln. Die Akkumulation von Eigentum, erst in Form von Naturalien, dann etwas später in Form von Geldmünzen, schließlich als Papiergeld und heute in Form von entmaterialisierten Kontoverschiebungen, nahm in dieser Zeit ihren Anfang und war und ist bis zum heutigen Tag immer mit der Ausbeutung von Menschen verbunden. Die Entstehung von Privateigentum, die schöne Seite der Medaille, war und ist untrennbar mit Sklaventum, der hässlichen Seite der Medaille, verbunden. Nicht umsonst heißt das Wort »privare«: rauben.

Die historisch folgende Feudalherrschaft der herrschenden Schicht, der Imperialismus und Kolonialismus der letzten Jahrtausende, der Kapitalismus der letzten fünfhundert Jahre und die Globalisierung und Neoliberalisierung in der heutigen Zeit sind nur Facetten ein und desselben Erscheinungsbildes: Sie beruhen auf unserem hierarchischen, patriarchalen Gesellschaftssystem, das nicht am Leben orientiert ist, denn Leben ist nichts wert in dieser Gesellschaft. Sie beruhen auf der Ausbeutung von Menschen, Tieren und Pflanzen und auf der Ausbeutung der Ressourcen der Natur, von Mutter Erde, der die Leiblichkeit genommen wurde. Sie werden zementiert durch einen Gott im Männerleib oder einen dematerialisierten Gott und durchgesetzt mit Gewalt.

Die Ausbeutung des Menschen im heutigen Kapitalismus, ist aufs Engste mit patriarchalen Strukturen verknüpft, Strukturen, die nicht gottgegeben und nicht schon immer so waren. Sie stellen vielmehr ein akzeptiertes Paradigma, eine von Menschen gemachte Setzung, dar, das den Aggressionstrieb als angeblich evolutionär am günstigsten für die Entwicklung des Lebens eingeführt hat. Der lustvolle Sexualtrieb und die Geburt neuen Lebens wurden interessanterweise zeitlich parallel zur Militarisierung und Hierarchisierung der Gesellschaft durch die Entstehung eines dematerialisierten Gottesbildes bzw. eines monotheistischen Mann-Gottesbildes verunglimpft.

Die Patriarchalisierung der Gesellschaft konnte also nur in Verbindung mit einem tiefen Eingriff in ethische und moralische Vorstellungen erfolgen. Ohne ein Gottesbild, das Gewalt legitimiert und gleichzeitig Sexualität diffamiert, wäre dieser gewaltige gesellschaftliche Umbruch zum Nutzen Weniger und zum Schaden der Mehrheit nicht möglich gewesen. Ohne ein religiös untermauertes anthropozentrisches Gesellschaftsbild, das den Menschen, genau genommen den Mann, zum Zentrum der Schöpfung erklärt und das Recht des Stärkeren als unabänderliches, schicksalhaftes, meist männliches Gewalt-Gewohnheitsrecht einführt, hätte die Frau und ihre Leibesfrüchte und parallel dazu die Natur nicht so zur Ausbeutung freigegeben werden können. Der babylonische Gott Marduk musste seine Mutter, die uralte Schöpfungsgöttin Tiamat, töten, um eine neue Gesellschaftsform durchzusetzen, so wie bis ins Mittelalter der »heilige« Georg den Drachen töten musste und so wie bis heute die Früchte der Frau im kapitalistischen System durch den entfremdeten Arbeitsbegriff beraubt werden – oder durch »politisch gebotene« Militäraktionen gleich um ihr irdisches Leben gebracht werden. Damit es keine Trauerrevolution der Mütter gibt, werden unsere Sehnsüchte durch die monotheistischen Religionen auf das Jenseits verschoben und in den abstrakten Gottesströmungen werden wir durch die Hoffnung auf das Nirwana, das Nichts als höchstes Lebensziel, vertröstet.

Der hegemoniale Anspruch der USA, derjenigen Macht, die in der Hierarchie der Nationen heute an der Spitze steht, ist derselbe Anspruch, den alle Herrschenden hatten und haben, und die Mittel zur Durchsetzung – nämlich Gewalt – haben sich auch nicht geändert. Krieg wird auch gegen den erklärten Willen der Vereinten Nationen geführt, die Ressourcen des jeweiligen eroberten Landes werden ausgebeutet, wie der ganzen Welt am Beispiel der Okkupation der Ölvorkommen des Iraks täglich vorgeführt wird. Menschenleben spielen sowieso keine Rolle und zementiert wird die Ausübung dieser imperialistischen Herrschaft auch hier von einem überaus frommen obersten Herrscher aller zur Zeit lebenden Herrscher dieser Welt, namens George Bush, der mit dem angeblichen Segen eines fundamentalistischen Gottes regiert. George Bush – ein großer Pharao? Der Hegemonialanspruch dieser heutigen Supermacht hat allerdings ein Spiegelbild hervorgebracht, ein Monster mit immer schneller nachwachsenden Köpfen: den islamischen Terrorismus. Dieser beruht auf denselben lebensfeindlichen, patriarchalischen Mechanismen: Menschenleben haben keine Bedeutung, nicht nur fremdes Menschenleben, sondern, perfide auf die Spitze getrieben, auch das eigene Leben nicht. Und wieder sanktioniert ein fundamentalistischer Männergott diese Gewalt und vertröstet die um der Herrschaftsmacht willen instrumentalisierten Menschen mit der Aussicht auf ein Paradies im Jenseits.

Aber auch das, was heute unter dem Begriff der Globalisierung die große Mehrheit der Menschen existentiell unter Druck setzt, die Heroisierung des Konkurrenzdenkens, statt einer Heroisierung der Solidarität, wird ethisch nicht in Frage gestellt. Bei der Konkurrenz handelt es sich allerdings nicht etwa um ein friedliches Wetteifern, sondern um einen Krieg der wirtschaftlichen Vorherrschaft, bei dem es darum geht, den Gegner zu vernichten. Maria Mies schreibt in ihrem Buch »Krieg ohne Grenzen« dazu:

»Am deutlichsten wird dieser Krieg bei dem, was man die ›race to the bottom‹, das Zugrundekonkurrieren, nennt, wo mächtige transnationale Konzerne – fast alle aus dem Westen – die einheimischen lokalen Betriebe durch Unterbieten ihrer Preise, durch ökonomisches Dumping zugrunde richten. Beispiele dieses Zugrundekonkurrierens finden sich zuhauf auf dem Agrarsektor der Entwicklungsländer: US-amerikanische Maisimporte ruinieren Maisbauern in Mexiko und auf den Philippinen, US-amerikanische Baumwollimporte nach Mali zerstören die dortige Wirtschaft, die auf Baumwollproduktion und Export beruht, usw.« (S. 38)

Dieses »race to the bottom« finden wir aber nicht nur in den Entwicklungsländern, sondern es ist die tägliche weltweite Realität von Kleinbetrieben und Mittelstandsbetrieben, auch in Deutschland. Die großen Betriebe können die besseren Einkaufspreise durchsetzen, sie erhalten vom Staat unter dem Vorwand der Arbeitsplatzbeschaffung Subventionen, entweder direkt oder in Form von günstigen Grundstücken, günstiger Infrastrukturerschließung oder günstigen steuerlichen Konditionen. Unter diesen Bedingungen können die Kleinen natürlich nicht mehr lange mithalten. Haben die Großen alle staatlichen Subventionen ausgeschöpft, ziehen sie nach der vertraglichen Bindungsfrist einfach weiter und hinterlassen »verbrannte Erde«. Wen interessieren schon die menschlichen Existenzen, die hierbei auf der Strecke bleiben, die Familien, die ihrer Natur gemäß nicht so flexibel und mobil sind, wie die heutigen Produktionsanlagen oder gar das Kapital? Aber auch die Großen müssen in diesem Haifischbecken höllisch aufpassen, von den noch Größeren nicht gefressen zu werden. So fusionieren sie zu immer noch größeren Gebilden. Um an die Spitze des Reichtums zu gelangen, kann das Ziel eines jeden Betriebs eigentlich nur ein weltweites Monopol sein. Und so nimmt es auch nicht Wunder, dass der reichste Mensch dieser Welt – ein Mann, wie könnte es auch anders sein – gleichzeitig der Inhaber des größten weltweiten Monopols ist: Bill Gates von Microsoft.

Monopolisierung, die Ausschaltung von Vielfalt, bedeutet immer Zerstörung und ist der Natur, die auf Diversifikation als Überlebensprinzip setzt, diametral entgegengesetzt. Wenn wir überall auf der Welt Coca Cola und Mc Donalds als standardisierte Ess- und Trinkkultur etablieren, so verliert unsere Welt viel an Farbigkeit und Lebendigkeit. Arne Naess, der Begründer der »Deep Ecology«, der Tiefenökologie, schreibt dazu in seinem Aufsatz »The Shallow and the Deep«: »Vielfalt steigert das Überlebenspotential, die Möglichkeiten neuer Lebensformen und den Formenreichtum ... Leben und Leben lassen, ist ein mächtigeres ökologisches Prinzip als das Prinzip: entweder du oder ich. Das Letztere tendiert dazu die Vielfalt der Lebensformen zu reduzieren und führt auch zu Zerstörung innerhalb derselben Spezies.« (Arne Naess, in: Alan Drengson & Yuichi Inoue (Ed.): The Deep Ecology Movement, S. 4, übersetzt von Kirsten Armbruster)

Die Zerstörung von Konkurrenz, das Ziel des kapitalistischen Wirtschaftens, die Monotheisierung auf ethischer Ebene, und auch das Anlegen von Monokulturen in der Agrarwirtschaft ist immer verbunden mit Destruktivität. Das Etablieren eines monotheistischen Gottesbildes war nur mit einem hohen Blutzoll durchsetzbar. Der Anbau von Monokulturen in der Landwirtschaft ist nur durch den Kampfeinsatz von Herbiziden, Pestiziden, Insektiziden und chemischen Kunstdüngern, d.h. durch die Zerstörung des Ökosystems, möglich. Das gesamte patriarchalische Gesellschaftssystem beruht also in allen Bereichen auf dem Paradigma der Gewaltanwendung.

Immer deutlicher bestimmen diese weltweiten Monopolisierungsprozesse auf dem Agrarsektor, in der industriellen Produktion, im Dienstleistungsbereich, in der Politik und in der Ökologie unseren Lebensalltag. Prozesse, die gegen die Grundbedürfnisse der Mehrheit der Bevölkerung stehen und die nur durch die Maximen von Profit, Ausbeutung und Herrschaftsmacht bestimmt werden. Große multinationale Konzerne, Industriemächte, allen voran die USA, und internationale Organisationen wie UNO, Weltbank und Internationaler Währungsfond bestimmen unser Leben. Das sind Organisationen, die nicht direkt gewählt werden und daher auch niemandem Rechenschaft schuldig sind. Als Ergebnis haben wir in den sogenannten »entwickelten« Ländern des Nordens eine zunehmende Verarmung durch Massenarbeitslosigkeit (oder durch immer schlechter bezahlte und wenig abgesicherte Jobs) und in den »noch zu entwickelnden« Ländern des Südens eine drastische existentiell bedrohliche Zunahme der Verarmung, insbesondere in Afrika und in Lateinamerika.

Aber auch in Asien werden insbesondere die Frauen den Maximen von Profit, Ausbeutung und Herrschaftsmacht unterworfen. Sie sind es, die unter katastrophalen Arbeitsbedingungen billige Kleidung, Designermode, Schuhe und Elektronik herstellen, Produkte, die sie selbst nie anziehen oder verwenden werden. Sie sind es, die in Afrika von einer Agrarlobby gezwungen werden »cash crops«, wie z. B. Kaffee für den Export, anzubauen, anstatt Nahrung, wie Hirse oder Mais für ihre eigenen Kinder. Das Phänomen der »Entfremdung«, wie Marx es bereits beschrieben hat, können diese Frauen an ihrem eigenen Leib erfahren. Und so könnte Marx aus Frauensicht heute folgendermaßen formuliert werden:

Sie, die Arbeiterin, arbeitet, um zu leben. Sie rechnet die Arbeit nicht selbst in ihr Leben ein, die Arbeit ist vielmehr Opfer ihres Lebens … Was sie für sich selbst produziert, ist nicht der Kaffee, den sie pflückt, nicht die Designermode, die sie näht, nicht der Computer, der sie via Internet mit der globalen Welt verbinden würde, nicht die Waschmaschine, die ihr die eigene Arbeit erleichtern würde. Was sie für sich selbst produziert, ist der Arbeitslohn, und Kaffee, Designermode, Computer und Waschmaschine lösen sich für sie auf in ein bestimmtes Quantum von Geld, vielleicht einen Dollar am Tag … Ihr eigentliches Leben fängt da an, wenn diese Arbeit zu Ende ist.

Rachael Grossmann hat die Arbeitsbedingungen dieser Frauen in der heutigen Zeit näher untersucht und Maria Mies fasst in ihrem Buch »Patriarchat und Kapital« diese Untersuchungen folgendermaßen zusammen: »Asiatische Frauen in der Elektronikindustrie sitzen an einem globalen Fließband, das von Silicon Valley in den USA bis nach Südostasien reicht. An diesem Fließband verrichten die asiatischen Frauen die monotonste, zeitraubendste, stressigste und ungesündeste Arbeit. Sie müssen unter einem Mikroskop die haardünnen Drähte zusammenschweißen, die die winzigen Chips zusammenhalten, um daraus eine integrierte Schaltung herzustellen. Diese elektronischen Bausteine sind die eigentlichen ›Hirne‹, mit denen die neuen Computer und Automaten gesteuert werden. Die amerikanischen und japanischen Firmen haben ein spitzfindiges System der Arbeitskontrolle entwickelt, das Methoden direkten Zwangs mit solchen psychologischer Manipulation verbindet. Es versteht sich von selbst, dass Gewerkschaftsaktivitäten in diesen Fabriken verboten sind. In Malaysia werden Frauen entlassen, wenn sie als Mitglieder einer Gewerkschaft entdeckt werden. Die Firmen stellen nur junge Frauen zwischen 14 und 25 Jahren an. Wenn sie heiraten, verlieren sie normalerweise ihre Arbeit. So sparen sich die Firmen die Mutterschaftsvergünstigungen und haben jederzeit junge unerfahrene Frauen, die schnell während der Arbeit angelernt werden. Die Frauen müssen eine bestimmte Quote Chips pro Tag fertig stellen. Eine Frau aus einer Halbleiterfabrik in Penang, Malaysia sagte, dass jede Arbeiterin 700 Chips pro Tag produzieren muss, dass es ihnen nicht erlaubt sei, während der Arbeit zu sprechen, dass sie sich nicht vom Arbeitsplatz entfernen dürften und dass es keine Pausen gäbe. Die Überwacher kritisieren die Frauen ständig. Acht Stunden Arbeit an Mikroskopen führt zu Augenschmerzen und Nervosität. Jede Frau hat einen Tisch an ihrer Seite, wo sie die tägliche Arbeitsquote markieren muss. Die Frauen in den einzelnen Fabriken werden ständig in Produktivitätswettbewerben zur Konkurrenz gegeneinander angestachelt, um die Produktionsquoten zu erhöhen. Kann eine Frau das tägliche Soll nicht erfüllen, so wird sie entlassen oder sie muss unbezahlt Überstunden machen.« (S. 172)

Mütter sind von den schlechten Arbeitsbedingungen besonders betroffen. Naomi Klein schreibt in ihrem Buch »No Logo« über die Taktik der Arbeitgeber in philippinischen Fabrikzonen: »Da es die meisten Arbeitgeber in den Zonen vermeiden wollen, Sozialleistungen zu bezahlen, Arbeiter nach einem vorhersehbaren Schichtplan zu beschäftigen oder irgendeine Form von Arbeitsplatzsicherheit zu garantieren, ist die Mutterschaft in den durch überwiegende Frauenarbeit gekennzeichneten Zonen zu einer Geißel geworden.« (S. 233)

Ziel ist es, die Anzahl der Mütter auf den Gehaltslisten der Fabriken auf ein Minimum zu begrenzen. Naomi Klein bezieht sich weiter unten auf eine Untersuchung von Human Rights Watch, die ganz ähnliche Verhältnisse in den mexikanischen Maquilladoras, den berüchtigten freien Produktionszonen nahe der Grenze zu den USA, feststellten:

»Die Mitarbeiter von Human Rights Watch stießen auf gezielte Schikanen, die Arbeiterinnen zur Kündigung veranlassen sollten: Schwangere Frauen mussten in der Nachtschicht arbeiten oder besonders viele unbezahlte Überstunden machen oder körperlich anstrengende Arbeit verrichten. Sie erhielten außerdem keinen Urlaub, um zum Arzt zu gehen – eine Praxis, die schon zu Fehlgeburten am Arbeitsplatz geführt hat … In einigen mexikanischen Maquilladoras müssen die Frauen durch so demütigende Prozeduren wie die monatliche Überprüfung der Damenbinden beweisen, dass sie menstruieren. Manche Arbeiterinnen erhalten Verträge, die auf 28 Tage – die durchschnittliche Dauer eines Zyklus – befristet sind, damit man sie entlassen kann, sobald das Ausbleiben der Regel eine Schwangerschaft vermuten lässt.« (S. 234)

Aber nicht nur Frauen, sondern ebenso Kinder sind von der Ausbeutung durch unsere kapitalistische Wirtschaftsweise besonders betroffen. So beschreibt Naomi Klein in ihrem Buch Veröffentlichungen von NBC und Life Science, die über Kinderarbeit in Indonesien, China und Pakistan berichtet hatten:

»Noch größer war die Empörung, als NBC nur wenige Tage vor Weihnachten 1996 einen Bericht über Mattel und Disney ausstrahlte. Mit versteckten Kameras aufgenommenes Filmmaterial bewies, dass Kinder in Indonesien und China als vertragsmäßige Sklaven gehalten wurden, damit sie ›Amerikas Lieblingspuppe Rüschenkleidchen anziehen‹. Im Juni 1996 rief die Zeitschrift Life Science eine neue Welle der Empörung hervor, als sie Fotos von pakistanischen Kinderarbeitern abdruckte, die über Fußbällen mit dem unverkennbaren Swoosh von Nike kauerten. Die Kinder sahen schrecklich jung aus und verdienten gerade mal 6 Cent pro

Stunde. Aber nicht nur Nike ließ auf diese Weise produzieren. Auch Adidas, Reebok, Umbro, Mitre und Brine ließen Bälle in Pakistan herstellen. Ungefähr 10 000 Kinder waren dort mit der Produktion von Bällen beschäftigt; viele wurden als vertragsmäßige Sklaven an ihre Arbeitgeber verkauft und wie Vieh gebrandmarkt.« (S. 338)

Die Maximen von Profit, Ausbeutung und Herrschaftsmacht nehmen keine Rücksicht auf die Menschen und sie nehmen auch keine Rücksicht auf die Erde. Für die Agrarindustrie werden Wälder gerodet. Die gerodeten Flächen werden in riesige Monokulturflächen verwandelt, die durch den Einsatz von künstlichen Bewässerungsanlagen, Dünger, Spritzmitteln und zunehmend mit genmanipuliertem Saatgut maximalen Profit erwirtschaften sollen. Zyklen der Natur und ökologische Gleichgewichte werden rücksichtslos zerstört. Kleinbäuerinnen können hier natürlich nicht mithalten, da sie sich weder Bewässerungsanlagen oder Dünger leisten können – ganz zu schweigen von dem zunehmend von Großkonzernen patentierten Saatgut, das sie heute dazukaufen müssen, obwohl Generationen ihrer Vorfahren eben dieses Saatgut bereits angebaut hatten.

Globale Umweltzerstörung einerseits und soziale Demontage durch eine permanente Entsolidarisierung unserer Gesellschaft zugunsten von immer weniger Menschen andererseits, ist das Ergebnis eines Konkurrenzdenkens, dem keine ethischen Grenzen gesetzt werden. Rationalisierungen, Privatisierungen, Fusionierungen und Deregulierungen, dem anscheinend niemand Einhalt zu gebieten wagt, das sogenannte TINA-Syndrom (There Is No Alternative), sind für Millionen Menschen und für Mutter Erde verheerend. Immer häufiger kommt es zu globalen Krisen, sei es in Form von Hungersnöten oder von Naturkatastrophen. Viele dieser globalen Krisen führen zu vermehrten militärischen und kriegerischen Auseinandersetzungen, denn sie dienen der Sicherung der immer knapper werdenden Rohstoffreserven für das eigene

Land, allen voran der begrenzten Reserven an fossiler Energie in Form von Öl und Gas. Und die zunehmende Verarmung und die ständigen Kriege führen zu Weltflüchtlingsbewegungen. Hiervon sind zu 80 % Frauen und Kinder betroffen.

Der Kapitalismus der letzten fünfhundert Jahre war immer international ausgerichtet, und der Mehrwert, der sich als Reichtum in den Ländern des Nordens durch Kolonialisierung akkumulierte, beruhte auf dem Raub von natürlichen Ressourcen des kolonialisierten Landes und der Unterwerfung sowie der Ermordung bis hin zur Ausrottung indigener Völker, mit ihrer angeblich »primitiven« Kultur. Verbunden war diese Ausbeutung mit einer arroganten Aufoktroyierung einer angeblich moralisch höherwertigeren, monotheistischen christlichen Ethik und Moral.

Ging es in den Anfängen des globalen Handels viel um Gold, Edelsteine oder Gewürze, führt die Globalisierung heute zunehmend zur Industrialisierung der sogenannten »nicht entwickelten« Länder. Eine Industrialisierung, die die Lebensformen der Menschen zerstört, viele in Armut stürzt und die Umwelt verschmutzt. Susan George bemerkt in ihrem Aufruf zur Suche nach einem neuen wirtschaftlichen Modell, das herrschende Paradigma von Entwicklung bedeute, dass viele ihr Land verlieren, ihre Dörfer verlassen müssen, ihre Kinder zugrunde gehen sehen, 14-Stunden-Tage für so gut wie keinen Lohn arbeiten oder gar keine Arbeit haben, verunreinigtes Wasser trinken, an Hunger und vermeidbaren Krankheiten leiden und, wenn sie aufbegehren oder versuchen, ihr Schicksal zu ändern, inhaftiert, gefoltert oder ermordet werden (Susan George, zit. in Chris Harman: Antikapitalismus – Theorie und Praxis). Einher geht auch heute noch durch Missionierung die Öffnung dieser Länder für eine Ein-Mann-Gott-Religion. Neu an der heutigen Globalisierung ist vor allem das beschleunigte Tempo der Ausbeutung, da wir aufgrund der Entwicklung von neuen Technologien, wie Flugzeugindustrie, aber insbesondere der Kommunikationstechnologie, eine Minimierung der Raum-Zeitüberbrückung in nie gekanntem Ausmaß haben.

Damit die Reichen der Welt noch reicher werden, versuchen sie, nachdem die technologischen Voraussetzungen dazu vorhanden sind, nun immer mehr die globalen politischen Voraussetzungen zu schaffen, um eine Vereinheitlichung des ökonomischen Feldes zu erreichen, die alle Beschränkungen beseitigen. So erleben wir eine Welle des geforderten ökonomischen Liberalismus, den sogenannten Neoliberalismus. Aufgrund der internationalen Strukturen scheinen nationale Staaten kaum etwas dem politisierten ökonomischen Druck entgegensetzen zu können. Das Spiel der Erpressung läuft ganz einfach: Entweder ihr beugt euch unseren Wünschen und liberalisiert die ökonomischen Bedingungen, oder wir bauen hier Arbeitsplätze ab.

Tatsache ist, dass wir in den letzten Jahrzehnten ein enormes Wachstum multinationaler Konzerne verzeichnen können. Wurden 1970 noch 7000 gezählt, so wuchs diese Zahl bis 2001 auf geschätzte 65 000. Sie bestreiten zusammen ein Drittel des weltweiten Produktionsaufkommens und zwei Drittel des Welthandels. Doch die multinationalen Konzerne erbringen nicht mehr als 10 % der weltweit verfügbaren Arbeitsplätze und demonstrieren das, was man »jobless growth« nennt. Sie versuchen zunehmend den »Faktor« Mensch aus dem Produktionsprozess zu eliminieren, bei rückgängigen Beschäftigungszahlen zu wachsen und die Gewinne zu steigern. (Universität Salzburg: Instrumente der ökonomischen Globalisierung zwischen Theorie und Praxis)

Auf der Jagd nach dem Profit, auf der Suche nach noch nicht erschlossenen Mehrwertquellen, nehmen die Multis ständig Umstrukturierungen vor. Hier begegnen uns im wirtschaftlichen Bereich Begriffe wie Lean Produktion, Business Reengineering, Change Management, die einhergehen mit Rationalisierungen, Lohnkürzungen, Arbeitszeitverlängerungen, Entlassung von Arbeitern, Schließung von Betrieben, Verlagerung von Arbeitsplätzen zu einem Standort, der höhere kostenkomparative Vorteile bietet, und einer Marktexpansion, einer Erschließung von neuen Märkten.

Auf nationaler politischer Ebene heißen diese Umstrukturierungen Reformen. Dies beinhaltet eine zunehmende Privatisierung der ehemals staatlichen Monopole mit der Begründung der Effizienzsteigerung und Kostenreduzierung durch das angebliche Allheilmittel konkurrierender Märkte – und einher geht damit auch die Reduzierung der staatlichen Alimentierung für Menschen, die diesem Konkurrenzdruck nicht gewachsen sind.

Auf globaler Ebene kennen wir diese Umstrukturierungen unter dem berühmt berüchtigten Begriff der Strukturanpassungsprogramme von IWF und Weltbank, die eine einseitige Öffnung der nationalen Märkte in Richtung Freihandel erzwingen. Verbunden damit wird eine Ausgabenreduktion für allgemein gesellschaftliche Aufgaben wie Gesundheit und Bildung durchgesetzt, was zur Folge hat, dass der größte Teil der Bevölkerung armer Länder von diesen Bereichen gänzlich ausgeschlossen wird.

Die zunehmende Liberalisierung der Weltwirtschaft begünstigt aber insbesondere eine Branche, die vollkommen vom Produktionsprozess abgekoppelt ist: die Branche des freien Kapitalverkehrs, die überproportional von den Kommunikationstechnologien profitiert. Während in den bisherigen Phasen des Kapitalismus die Produktion des Kapitals schon immer dorthin gewandert ist, wo seine Produktivität am größten ist, haben wir nun das Phänomen, dass Kapitalbildung gar nicht mehr an Produktivität gekoppelt ist, sondern an rentable Devisenspekulationen. Seitdem die Nixonregierung 1971 den Dollar vom Goldstandard gelöst und die festen Wechselkurse aufgehoben hat, ist unser internationales Geldsystem von der materiell-physischen Realität abgekoppelt. Es hat sich transzendiert. Und seit dieser Zeit verfügt die Weltwirtschaft über keinen allgemein anerkannten Wertmaßstab mehr. Bernhard Lietaer, einer der Väter des Euros, schreibt:

»... die Geldschöpfung geschieht heute aus dem Nichts, beziehungsweise sie beruht auf der Kreditvergabe der privaten Banken und ist somit an keine materielle Wirklichkeit gebunden. Die Digitalisierung des Geldes durch die Computertechnik ermöglicht es zudem, große Geldsummen als elektronische Daten zu übermitteln. Dadurch haben die spekulativen Devisentransaktionen in einem ungeheuren Ausmaß zugenommen ... Heute werden weltweit jeden Tag zwei Billionen US-Dollar transferiert. Zwei Billionen US-Dollar, haben Sie eine Vorstellung, wie viel Geld das ist? Wenn Sie eine Druckerpresse hätten, die pro Sekunde eine Dollarnote drucken könnte und Tag und Nacht in Betrieb wäre, müssten Sie 63416 Jahre lang drucken, um diese Summe zu erreichen. Sie müssten zurückgehen in die Jungsteinzeit und einen Neandertaler die Druckerpresse in Gang setzen lassen, um die Geldmenge in Papier zu erzeugen, die heute täglich zu spekulativen Zwecken um den Globus fließt. Die Währungsreserven aller Zentralbanken der Welt, ihre sämtlichen Goldbestände eingeschlossen, entsprechen nur den Transaktionen, die in sieben bis acht Stunden getätigt werden. In einer weltweiten Währungskrise wäre keine Instanz in der Lage zu intervenieren.« (»Eine Welt, eine Währung und mehr Wert«, aus: www.brandeins.com/magazin/archiv/2001/ausgabe_07/schwerpunkt/artikel9.html)

Eine weltweite Währungskrise gab es im Computerzeitalter noch nicht, aber in den vergangenen 30 Jahren hat es in 87 Ländern Währungskrisen gegeben, alle mit verheerenden Wirkungen auf die jeweilige Bevölkerung. Es sei nur an die Krisen der letzen 10 Jahre in Mexiko 1995, in Asien 1997, in Russland und in Argentinien 1998 erinnert. Wahl und Waldow operieren zwar mit geringeren Zahlen, aber ihr Credo ist das Gleiche:

»Finanzgeschäfte haben den produktiven Einsatz des Kapitals als gewinnträchtigste wirtschaftliche Tätigkeit längst abgelöst. Man schätzt, dass 95 % der täglichen Transaktionen auf den Devisenmärkten spekulativer Natur sind. Die Liberalisierung der Finanzmärkte steigerte die weltweiten Devisenumsätze von früher 70 Mrd. Dollar auf heute 1,5 Billionen Dollar pro Tag. Das bedeutet einen Zuwachs von mehr als 2000 %. Von den 1,5 Billionen Dollar sind mehr als 80 % Anlagen mit einer Laufzeit von

7 Tagen oder kürzer. Diese haben also nichts mehr mit realwirtschaftlichen Aktivitäten zu tun, sondern haben sich völlig davon losgelöst, um selbst mit geringfügigen Kursschwankungen unterhalb der Promillegrenze Geschäfte zu machen.« (Wahl P., Waldow P.: Devisenumsatzsteuer. Ein Konzept mit Zukunft, Bonn 2001, aus: www.sbg.ac.at)

Obwohl in den letzten Jahren weltweit eine Menge Gedankengut des Neoliberalismus verwirklicht worden ist, was besonders die ärmsten, bereits in der Schuldenfalle sitzenden, unter dem Druck der Weltbank und des Internationalen Währungsfonds stehenden Länder betrifft, hat das geforderte Konzept weder zu einer Verringerung der Armut dieser Länder beigetragen, noch sind Arbeitsplätze oder Ausbildungsplätze entstanden. Tatsache ist, dass die positiven Aspekte der Liberalisierung umso geringer waren, je geringer der Entwicklungsstand der betreffenden Länder war. Vindana Shiva zitiert in ihrem Aufsatz »Globalisierung und Armut« aus dem Bericht der Nationalen Kanadischen Farmergesellschaft des Jahres 2000 Folgendes:

»Während die Farmer, die Getreide wie Weizen, Hafer und Mais anbauen, defizitäre Erlöse erzielen und an den Rand des Konkurses getrieben werden, fahren die Firmen, die Getreideflocken für das Frühstück herstellen, hohe Gewinne ein. 1998 konnten sich die Cerealienfirmen Kellog's, Quaker Oats und General Mills über Kapitalrenditen von 56 %, 165 % resp. 222 % freuen. Während ein Bushel Mais für weniger als 4 Dollar verkauft wurde, erzielte ein Bushel Cornflakes 133 Dollar.« (Vindana Shiva, in: Werlhof, Claudia von/Bennholdt-Thomsen, Veronika/Faraclas, Nicolas (Hg.), S. 91)

Etwas später schreibt dieselbe Autorin auf derselben Seite über ihr Heimatland Indien: »Während die Bauern immer weniger verdienen, zahlen die KonsumentInnen speziell in den armen Ländern immer mehr. In Indien haben sich die Nahrungsmittelpreise zwischen 1999 und 2000 verdoppelt, und der Konsum von Speisegetreide ist in ländlichen Gebieten um 12 % zurückgegangen, was die Unterernährung der ohnehin schon mangelernährten Menschen weiter verschärft und die Sterblichkeitsraten in die Höhe treibt. Ökonomisches Wachstum durch globalen Handel gründet sich auf einen Pseudo-Mehrwert. Immer mehr Nahrungsmittel werden gehandelt, während die Armen immer weniger zu essen haben. Wenn das Wachstum die Armut verstärkt, wenn die reale Produktion ein defizitäres Geschäft wird und Spekulanten als ›Erzeuger des Wohlstands‹ beschrieben werden, dann ist mit den Begriffen ›Wohlstand‹ und ›Schaffung von Wohlstand‹ irgendetwas schief gelaufen.«

Das Gefälle zwischen den einzelnen Volkswirtschaften hat sich in den letzten zwei Jahrzehnten drastisch verschärft. Während 1960 das Einkommen jener 20 %, die in den reichsten Ländern der Welt lebten, 40-mal so hoch war wie das der 20 % in den ärmsten Ländern, war es 1995 bereits 82-mal höher. Die langfristige Entwicklung des Auseinanderdriftens zwischen Reich und Arm zeigen folgende Zahlen: 1820: 3 zu 1; 1913: 11 zu 1; 1950: 35 zu 1; 1973: 44 zu 1; 1992: 72 zu 1; 1995: 82 zu 1; Tendenz steigend.

Noch deutlicher spricht die Tatsache, dass das Bruttosozialprodukt der 48 ärmsten Länder der Welt 2001 unter dem zusammengerechneten Reichtum der drei reichsten Personen der Welt lag. Und weiter: Der Besitz der 497 im Jahre 2001 registrierten Milliardäre belief sich auf die stolze Summe von 1,54 Trillionen Dollar. Damit besaßen sie zu diesem Zeitpunkt insgesamt mehr als die Hälfte der gesamten Menschheit. (Universität Salzburg: Die Politik der neoliberalen Transformation: Globalisierung und Neoliberalismus)

Laut Untersuchungen US-amerikanischer Gewerkschaften verdienten US-Manager in den 70er Jahren 42-mal mehr als ein Durchschnittsverdiener, in den 90er Jahren waren es 85-mal mehr und 2003 bereits 530-mal mehr, Tendenz stark steigend. Die fünf reichsten Menschen der Welt, natürlich alles Männer, sind laut Forbes Bericht von 2007:

– Bill Gates (Microsoft, USA)
– Warren Buffett (Berkshire Hathaway, USA)
– Carlos Slim Helù (Telmax u.a., Mexiko)
– Ingvar Kamprad (Ikea, Schweden)
– Sheldon Adelson (Las Vegas Sands, USA)
(Zahlen zit. aus: www.w-akten.de/Statistik)

1975 lag der Durchschnittslohn in den USA bei 32500 Dollar pro Jahr, im Jahr 2004 waren es 36000 Dollar. Das entspricht einer Steigerung von 10%. Im gleichen Zeitraum stiegen die Durchschnittsgehälter von Topmanagern um 2800% auf 37,5 Millionen Dollar pro Jahr.

Noch krasser wird die Rechnung, wenn wir bedenken, dass 3 Milliarden Menschen heute mit weniger als 2 US-Dollar täglich auskommen müssen und 1,3 Milliarden sogar mit weniger als 1 US-Dollar. 70% von den Letzteren sind Frauen. (Zahlen aus: www.igc.apc.org/globalpolicy)

Das patriarchale System der Ausbeutung nimmt, das zeigen solche Zahlen, immer groteskere Züge an. Statt eines egalitären Systems des Matriarchats, das an gemeinschaftlichem Wohlstand interessiert war, haben wir immer mehr ein System, in dem derjenige am meisten Erfolg hat, der die Konkurrenz am besten ausbootet, der am besten unterdrücken, ausbeuten und töten kann. Wir sollten uns wirklich fragen, ob wir dieses scheinbar unumstößliche Paradigma der Konkurrenz weiter mitmachen wollen. Letztendlich haben wir Frauen dies in der Hand. Wir müssen uns nur unsere Muttermacht zurückholen. Denn egal ob es sich um Soldaten handelt, die für nationalistische oder andere ideologische Belange manipuliert werden, ob es sich um ArbeiterInnen handelt, die ausgebeutet werden können, ob es sich um KundInnen handelt, die die Produkte kaufen sollen – ohne Reproduktion würde eine Produktion nicht existieren und das patriarchale System würde zusammenbrechen.

Wir Mütter müssen uns auch unsere Erziehungsmacht zurückholen, wir dürfen uns selbst und unsere Kinder nicht mehr für den Profit einiger weniger instrumentalisieren lassen. Das dürfen wir auch nicht politischen Parteien überlassen. Der Kommunismus ist schon einmal nicht sehr glücklich gegen das Kapital aufgestanden, er hat alle Arbeiter versucht zu solidarisieren. Das war unzureichend und führte in der Regel nur zu einer anderen Form des Kapitalismus, dem Staatskapitalismus, und endete immer in Diktaturen. Auch wenn gerade Engels sich sehr wohl mit matriarchalen Gesellschaftsstrukturen auseinandergesetzt hat, so sind Marx und Engels doch nicht tief genug zu den Wurzeln des patriarchalen Systems gegangen. Es reicht auch nicht zu sagen: Gott ist tot und Religion ist Opium fürs Volk, denn völlig vergessen wird dabei der Aspekt des Todes. Ökonomische, ökologische und soziale Veränderungen müssen immer thealogisch, müssen immer spirituell verankert werden. Sie müssen Antworten geben auf den Sinn des Lebens, sie müssen sich mit dem Tod als Bestandteil des Lebens auseinandersetzen. Sonst entsteht ein spirituelles Vakuum – wie auch im Marxismus. Und Vakuen neigen dazu, sich zu füllen und sei es mit totalitärem Gedankengut, das alles ausmerzt, was nicht ins ideologische Bild passt. Wenn das Gottesbild einer Gesellschaft nicht verändert wird, dann werden sich auch die Werte einer Gesellschaft nicht verwandeln. Deshalb brauchen wir die Göttin, deshalb brauchen wir das weibliche Element in der Religion, wir brauchen das Verständnis eines kosmologischen Kreislaufs und die Kenntnisse des Matriarchats, aus denen sich ein ganz anderer Umgang sowohl mit Mutter Erde als auch mit den Leibesfrüchten der Frauen ergibt. Sonst werden wir alles verlieren: unser Leben und unseren wunderbaren Planeten.

# Mathematik heißt Mutterweisheit – Anleitung zum wirtschaftlichen Paradigmenwechsel

»Arbeit ist sichtbar gemachte Liebe.« (Khalil Gibran)

Nachdem wir aus dem Matriarchat gelernt haben, dass Mathematik Mutterweisheit heißt, fangen wir mal an in mütterlicher Weise zu rechnen. Dabei mischen wir bewusst Zahlen aus Deutschland mit internationalen Zahlen, denn auch wenn es Frauen in Deutschland ökonomisch wesentlich besser geht als Frauen in sogenannten Entwicklungsländern, so sitzen wir doch alle im gleichen weltweiten kapitalistischen Boot, in dem Arbeit von Frauen inferiorisiert bis negiert wird, was sich überall in den weltweiten monetären Besitzverhältnissen zeigt.

Nehmen wir dazu ein ganz einfaches Beispiel: eine Akademikerin in Deutschland, die Mutter wird. Ich denke, diese Frau könnte stellvertretend für viele Frauen sein, die Mütter werden wollen (oder sollen). Eine Frau, die studiert hat, verdient schätzungsweise nach ein paar Jahren Berufstätigkeit 45 000 € im Jahr, ein Mann mit adäquater Ausbildung erhält aufgrund seines patriarchalisch verankerten Geschlechtsvorteils vielleicht 55 000 €. Nehmen wir mal an, beide sind um die dreißig und gründen eine Familie auf Basis der staatlich oder vielleicht auch kirchlich sanktionierten Ehe. Sie bekommen zwei Kinder. Nun sind sie nicht mehr zwei Personen, sondern vier.

**Frage:**
Wie viel Geld bekommen 4 Personen, wenn 2 Personen 100 000 € bekommen?

**Rechnung:**

100 000 : 2 = 50 000;        50 000 x 4 = 200 000

**Antwort:**

Eine Familie mit 4 Personen bekommt dann 200 000 €

So würde es wahrscheinlich in einem Matriarchat zugehen: logisch und gerecht.

Ganz anders sieht es aber im Patriarchat aus:

Während zwei Personen vorher 100 000 € verdient haben, bekommt eine Familie mit vier Personen jetzt nur noch 55 000 € plus ein paar Steuervergünstigungen und ein immenses Kindergeld von insgesamt 500 € im Monat, also 6 000 € im Jahr. Gehen wir mal davon aus, dass die Frau, wie in fast allen deutschen Familien zu Hause bleibt und das Kindergeld ihr Verdienst ist, so verdient eine Frau, sobald sie sich auf das Experiment Familie einlässt, für eine längere Arbeitszeit als vorher, denn Wochenende und Urlaub hat sie ja jetzt als Familienfrau nicht mehr, statt 45 000 € ca. 6 000 €. Ihre Arbeitskraft verbilligt sich also von einem Tag auf den anderen um 83 %.

Gut, dass Mann den Frauen beigebracht hat, dass sie nicht rechnen können!

Noch schöner wird die Rechnung, wenn Frau und Kind nicht unter dem vom Grundgesetz besonders geschützten System der Ehe stehen und die Frau als »alleinerziehend« gilt. Dadurch ist sie nicht in unseren wunderbaren Kreislauf der Produktivitätsarbeit eingebunden, der offiziell der einzige ist, der als geldbezugsberechtigt anerkannt wird. Hier bleibt nur noch Hartz IV, ein Leben an der Armutsgrenze. An »Alleinerziehenden« hat Vater Staat kein Interesse, denn Kinder sollen an Vaterschaft gebunden sein. Ist kein ordentlicher Vater nachweisbar, so müssen Frau und Kind monetär stigmatisiert werden. Ein Daseinsrecht ohne Vater beschränkt sich nur auf das Allernotwendigste.

Geld erhalte ich in einer patriarchalen kapitalistischen Gesellschaft nur, wenn ich einen Wert erwirtschafte, der sich wieder verkaufen lässt. Ein geborenes Kind kann ich nicht mit Mehrwert verkaufen. Die Arbeit, die damit verbunden ist, dieses Kind großzuziehen, kann ich auch nicht verkaufen, sie ist nichts wert. In einer Marktwirtschaft regelt normalerweise Angebot und Nachfrage den Preis. Nun hat Deutschland nicht die Mindestfortpflanzungsrate von 2,1, sondern rangiert in Europa unter den Schlusslichtern mit einer Geburtenrate von 1,3. Würde der Preis für Mutterschaft nach marktwirtschaftlichen Gesichtspunkten erfolgen, müsste der Preis aufgrund des so geringen Angebots in die Höhe schnellen, denn ein knappes Gut wird im kapitalistischen System teuer. Aber in Sachen Mutterschaft bewegt sich in dieser Hinsicht nicht viel. Das liegt daran, dass die Reproduktionsarbeit von Müttern sich im informellen Bereich bewegt, sie wird nicht wahrgenommen als Arbeit, sie wird nicht wahrgenommen als Wertschöpfung, sie ist unsichtbar. Das dazu passende Mutterbild ist das der verlässlichen, treu umsorgenden, sich selbst aufopfernden Mutter, deren Mythos gerade auch religiös durch den Madonnenkult fundamentiert wird. Deutschland hat diesen Mythos von der guten Mutter in der Nazizeit besonders kultiviert, denn unter den Nationalsozialisten gab es einen regelrechten Mütterkult: »Die kräftige, anspruchslose Hausfrau von nordischem Typ, die ihrem Ehemann ein trautes Heim bereitet und viele kerngesunde, starke und auf ihre germanische Abstammung stolze Kinder erzieht« (Textor Martin: Interview Familienportal Vitawo). Kein Wunder, dass sich gerade die deutsche Gesellschaft so schwer tut mit außerfamiliärer Kinderbetreuung und Ganztagsschulen! Dass der Nazi-Mutterkult jedoch keineswegs eine wirkliche Verehrung von Mutterschaft und der Rolle der Mutter war, sondern dass er eher Teil des Führerkults war, beschreibt Christa Mulack sehr treffend in ihrem Buch »Klara Hitler, Muttersein im Patriarchat«: »Weder die Mutterkreuze, die öffentlich verliehen wurden, noch die Verherrlichung der Mutter – die zur Voraussetzung hatte, dass sie gern ihre Söhne für den Krieg abgab und sie zu heldischem Handeln ermunterte – hatten etwas mit einem wirklichen Mutterkult zu tun. Sie entstammten weitaus eher einem bevölkerungspolitischen Kalkül, dem wir bereits im Kaiserreich begegnen und das damals zur Politik aller Nationen gehörte – auch der österreichischen Vielvölkermonarchie, in der Hitler ja den ersten Teil seines Lebens verbrachte.« (S. 110)

Mütter sollen sich selbst aufopfern, sie sollen ihre Arbeit wie Sklaven umsonst machen. Werden sie aufmüpfig, so wird ihnen gleich Materialismus vorgeworfen. In einer matriarchalen Gesellschaft würde einer Mutter mit Kindern mehr Nahrung, mehr Kleidung, mehr Wohnraum zustehen und die Erziehungsarbeit würde nicht allein auf ihren Schultern lasten, sondern gesellschaftlich breiter verteilt werden. In einer patriarchalen Gesellschaft ist dies nicht der Fall. Die Mutter fällt in der Regel aus dem Produktionsprozess raus und muss die Reproduktionsarbeit alleine und kostenlos leisten, dass heißt, es gibt keinen vom Mann unabhängigen Geldinput mehr. Da aber in einer patriarchalen Gesellschaft alles privatisiert und an eine Geldwirtschaft gebunden ist, verändert sich andererseits mit Kindern der Geldoutput eklatant. Diese Schieflage wird bewusst unbewusst gehalten. Sie soll nicht realisiert werden. Als Alternative wird die bessere Vereinbarkeit von Muttersein und Beruf angestrebt. Das führt in der Regel zu einer enormen Doppelbelastung der Mutter, weil diese Lösung nicht das Problem wahrnimmt, dass unsere Gesellschaft die informelle Arbeit von Frauen nicht als Arbeit realisiert. Das seit neuestem geplante Erziehungsgeld von 68 % des Bruttolohns für zehn bzw. zwölf Monate, wenn der Vater einen zweimonatigen, monetär versüßten Erziehungsurlaub nimmt, geht ebenfalls an der Reproduktionsrealität vorbei, denn Reproduktionsarbeit ist ein langfristiger Prozess. Er dauert mindestens 18 Jahre und passt nicht in unser Wirtschaftssystem, wo es nur auf Schnelligkeit, Flexibilität und Mobilität ankommt. Lösen können wir dieses Problem nur mit neuen Ideen. Ein Denkansatz hierzu ist es, sich mit dem Begriff Arbeit ganz neu auseinander zu setzen, wie es auch die hohe Zahl von Arbeitlosen nahelegt.

Mit der Entwicklung neuer Verfahrenstechnologien und weltweiter Informations- und Kommunikationssysteme, die eine immense Informationsmenge an fast jedem beliebigen Ort der Erde verfügbar machen, erlebt die Arbeitswelt den tiefgreifendsten Wandel seit der industriellen Revolution zu Beginn des vorigen Jahrhunderts. Ein Kennzeichen dieses Wandels ist, dass Räume leicht überbrückt werden können, nahezu ohne Inanspruchnahme von Zeit. Märkte und Unternehmen internationalisieren und globalisieren sich, es entsteht ein weltumspannender Wirtschaftsraum, der sich dem Rechtsrahmen eines einzelnen Nationalstaates entzieht. Der Einsatz moderner Technik und Informationstechnologie steigert die Produktivität. Während jahrzehntelang wirtschaftliches Wachstum automatisch mehr Beschäftigung nach sich zog, haben wir heute das Phänomen, dass wirtschaftliches Wachstum an technologische Rationalisierung und/oder Verlagerung der Produktion ins Ausland gekoppelt ist, wo sie oft mit einer Beschäftigung in prekären Verhältnissen einhergeht. Während im Bereich der wissensfundierten Berufe noch mit einer Steigerung des Arbeitsplatzbedarfs gerechnet wird, sind vor allem die Arbeitskräfte in der Industrie und im verarbeitenden Gewerbe von zunehmender Arbeitslosigkeit bedroht oder müssen mit einer starken Verschlechterung ihrer finanziellen Situation bei gleichzeitig längeren Arbeitszeiten zurechtkommen. Denn viele Unternehmen versuchen, wenn sie nicht über Auslandsverlagerung Stellen streichen, zumindest über Outsourcing (Auslagerung der Arbeit) Personalkosten einzusparen oder die Rekrutierung von Arbeitskräften gleich an Zeitarbeitsfirmen zu delegieren, die zu wesentlich schlechteren Konditionen Personal einstellen. Die enormen Gewinnsteigerungen insbesondere der transnationalen Unternehmen kommen kaum den Leuten zugute, die die Arbeit erledigen, sondern landen monetär in den Taschen des obersten Managements oder der Investoren. Und jeder Stellenabbau und das damit verbundene Sozial- und Umweltdumping wird an der Börse mit steigenden Kursen honoriert.

Schon vor zehn Jahren schrieb Jeremy Rifkin in seinem viel beachteten Buch »Das Ende der Arbeit und ihre Zukunft«: » Ob im Agrarsektor, in der Industrie oder im Dienstleistungsbereich – überall in der Wirtschaft wird automatisiert, überall wird menschliche Arbeitskraft durch maschinelle ersetzt. Auf der ganzen Welt verändern sich die Lebensverhältnisse, Millionen von Menschen suchen nach einer neuen Aufgabe. Das Verschwinden fester Arbeitsplätze wird zum drängendsten sozialen Problem des nächsten Jahrtausends werden ... Während unsere Unternehmen ihre internationale Wettbewerbsfähigkeit stetig ausbauen und ihre Profite wachsen, werden immer neue Massenentlassungen angekündigt. Niemals zuvor in der Menschheitsgeschichte waren so wenige Arbeitskräfte nötig, um die für die Weltbevölkerung notwendigen Produkte und Dienstleistungen zu erbringen.« (S. 11)

Dabei könnten wir, wenn das Kapital gerecht verteilt werden würde, kurz vor der Erfüllung eines alten Menschheitstraums stehen: Statt Arbeit Muße, statt Mühsal und Maloche Zeit zum Leben und zur Besinnung. Schon der englische Staatsmann und Humanist Thomas Morus schwärmte 1516 in seinem bekanntesten Werk »Utopia« von einem Staat, dessen Bürger sich dank hochentwickelter Maschinen des Großteils ihrer Arbeit entledigt haben. »Sie sind nur noch sechs Stunden täglich mit Produzieren, Verteilen und Dienstleisten beschäftigt, der Rest des Tages ist ausgefüllt mit sozialen Pflichten, mit Lernen und Muße. Was für die Menschen des 16. Jahrhunderts mit Normalarbeitstagen von 16 Stunden kaum vorstellbar war, ist am Ende des zweiten Jahrtausends längst keine Utopie mehr« (Sybille Nagler-Springmann). Aber statt Freude, ist in unserer Gesellschaft überall Ratlosigkeit zu spüren und die Angst vor der Arbeitslosigkeit hat Hochkonjunktur.

Thomas Morus regte damals schon an, Denktraditionen zu überprüfen. Vielleicht ist das Problem mit der Arbeitslosigkeit in unserer Gesellschaft vor allem ein Denkproblem in überholten Rastern. So ist das Verständnis von menschlicher Arbeit und der Transfer von Kapital in Form von Lohn in der Denktradition der industrialisierten

Gesellschaft an den engen Begriff Produktivität geknüpft. Nur wer in diesem produktiven Arbeitsprozess integriert ist, erhält ein Gehalt. Diese Produktivität kann aber in Zukunft bereits durch den Einsatz hochinnovativer Technik von wenigen hochqualifizierten Fachkräften sichergestellt werden. Es ist also zwingend logisch, den Lohn für menschliche Arbeit von der Produktivität zu entkoppeln.

Noch interessanter wird es, wenn wir die globalen computergestützten Kapitalvermehrungsströme mit in die wirtschaftliche Betrachtung einbeziehen. Bei den gewinnträchtigen und daher so beliebten Devisenspekulationen wird Geld verdient über Prozesse, die gar nicht mehr an den Produktivitätsbegriff gekoppelt sind. Trotzdem werden Menschen, natürlich vor allem Männer, dabei reich. Das heutige Geld, das computerisierte Kapital, ist wirklich eine wunderbare Substanz, ohne wirklich Substanz zu sein. Es hat alle irdischen Grenzen überwunden, es ist beliebig vermehrbar, es verfügt über eine atemberaubende Transfergeschwindigkeit, es ist schnell, flexibel und mobil. Heute brauchen wir nur noch Zahlen im Computer hin- und herschieben, um uns reich zu fühlen. Computerzahlen als reinste Energie! Wenn wir reich sind, sind wir wer. Haben wir keinen Zugang zu diesem magischen Zahlenspiel, sind wir vielleicht eine nicht Schufa taugliche Mutter. Leben wir vielleicht sogar in einem sogenannten armen »Entwicklungsland«, so sind wir niemand mehr, wir entmaterialisieren uns und existieren nicht mehr. Aber leider haben wir dann auch keine Energie mehr, wir verdursten und verhungern, wir sterben. Und das steht uns allen bevor, wenn wir die totalitäre Diktatur des entmaterialisierten Kapitals nicht bald flächendeckend begreifen.

War Geld in seiner Frühphase ein reines Tauschmittel, ein Transportmittel für den Austausch von Gütern und Dienstleistungen, entmaterialisierte sich diese Substanz mit zunehmendem Patriarchat immer mehr. Die allgemeinen Tauschmittel waren Tierfelle bei Jägervölkern, Salz bei den Chinesen, Kaurimuscheln bei den Völkern der Südsee, dann kamen zunehmend Vieh und Edelmetalle als Tauschmittel zum Einsatz. Da das Geld heute auch von einer materiellen Realität, dem Goldstandard, entkoppelt ist, kann es sich scheinbar unbegrenzt und in Sekundenschnelle vermehren. Es befindet sich auf einem exponentiellen Wachstumstrip. Mathematisch gesehen ist unbegrenztes Wachstum ein Artefakt. Natürlich ist bekannt, dass alle Wachstumsvorgänge real begrenzt sind, da sie an Ressourcen gekoppelt sind. Weil das Kapital aber heute so tut, als ob ein unendliches exponentielles Wachstum möglich sei, und es außerdem aufgrund der kapitalistischen Zinseszinsmechanik eine zwanghafte Kopplung zwischen Gewinn und Investition gibt, haben wir die Situation, dass die Kapitalvermehrungsexponentialkurve erst zu einem abrupten Ende kommen wird, wenn alle Ressourcen auf dieser Erde verbraucht, d. h. zerstört sind. Solche Kurven, die immer weiter ansteigen und dann an einem bestimmten Punkt plötzlich abbrechen, sind in der Werkstoffkunde als Spannungs-/ Dehnungskurven hinlänglich bekannt. Ein Werkstoff lässt sich exponentiell dehnen, bis irgendwann die Spannung zu groß wird und der Werkstoff abrupt reißt. In der Natur ist exponentielles Wachstum zudem immer die Ankündigung eines lebensbedrohenden Entartungsprozesses, eines Krebsgeschwürs. Und genau in diesem Stadium befindet sich unsere Wirtschaft zunehmend. Da wir auf der Erde an die Natur gebunden sind, können wir nicht ernsthaft glauben, eine Exponentialkurve führe zum Wohlstand aller.

Wenn wir dieser Kurve weiter folgen, werden wir gnadenlos abstürzen, wie es die Abbildung zeigt:

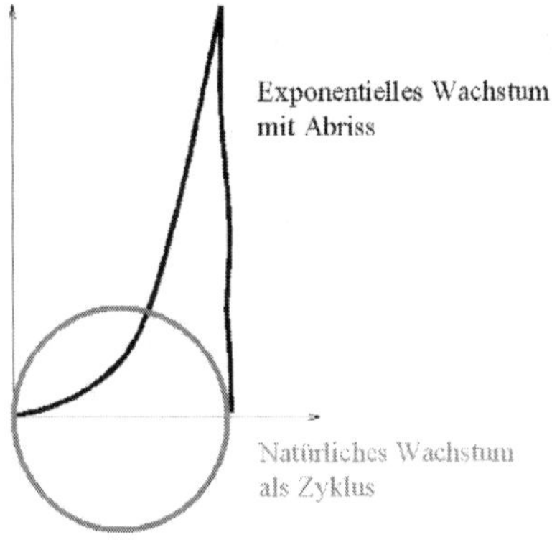

Wirtschaft muss in Kreisläufen erfolgen, nur dann ist sie vivial, nur dann ist sie am Leben orientiert und nicht am Tod. Das Gleichgewicht zwischen Produktion und Reproduktion ist ein solcher Kreislauf, das Gleichgewicht zwischen Hunger und Sättigung ebenso. Heute sind beide Kreisläufe durchbrochen. Wirtschaft diente ursprünglich in Form der Subsistenzwirtschaft der Abdeckung der Grundbedürfnisse, dann entwickelte sich ergänzend der Tauschhandel für die Dinge, die nicht selbst angebaut oder hergestellt werden konnten. Wirtschaft wurde nicht um ihrer selbst Willen betrieben, sondern war in den Kreislauf des Lebens integriert. Heute hat die Wirtschaft sich verselbstständigt. Sie tut so, als wäre sie nicht irdisch an Reproduktion zurückgekoppelt und versucht, uns mit der Werbung weiszumachen, dass ein Sättigungsprozess, was Konsumbedürfnisse angeht, nie eintreten wird. So wird die Wachstumsschraube in Gang gehalten. Gewinne müssen wieder, der Zinseszinsmechanik folgend, investiert werden, Investitionen müssen wieder maximale Gewinne abwerfen und dazu muss der Konsum kräftig angekurbelt werden. Immer mehr, immer mehr und vor allem immer schneller! Einen Endpunkt gibt es erst, wenn die Luft so toxisch geworden ist, dass sie nicht mehr zum Atmen taugt, oder wenn das Wasser nicht mehr getrunken werden kann.

Würden alle Frauen sich weigern, unter diesen patriarchalen Wirtschaftsbedingungen Kinder zu bekommen, so würde das kapitalistische System allerdings innerhalb kurzer Zeit zusammenbrechen, denn ohne Kinder reduziert sich die Zukunftsperspektive einer Gesellschaft auf 30 bis 40 Jahre, auf die Lebenszeit einer Generation. Ulrich Pfeifer und Reiner Braun schreiben in ihrer Expertise »Lebensökonomie als (mögliches) Leitbild einer nachhaltigen Familienpolitik«:

»Zehn Deutsche bekommen seit etwa 30 Jahren nur sechs Kinder und würden nur noch drei bis vier Enkel haben, wenn sich die Geburtenrate nicht deutlich steigert. Das wäre eine Dauerkrise mit den Überschriften: Altersarmut, Pflegenotstand, abnehmende Fähigkeiten zum Strukturwandel, Veralterung des Wissens, Verlust der Wettbewerbsfähigkeit u.a. durch Braindrain.« (S. 1)

Wenn bei einer Reproduktionsrate von 1,3 die Gesellschaft bereits in eine solche Schieflage kommt, was wäre bei einem weltweiten Gebärstreik der Frauen? Dann würde die gesamte gesellschaftliche Struktur innerhalb einer Generation zusammenbrechen. So gäbe es bald keine Mitarbeiter mehr, die den Produktionsprozess aufrechterhalten. Und selbst wenn durch technologischen Fortschritt die gesamte Produktion von Robotern erledigt würde, sodass die Angebotsseite maschinell gesichert wäre, so ergibt sich bei einem Gebärstreik spätestens auf der Nachfrageseite, auf der Kundenseite, ein Problem, denn Kunden gäbe es in einer gebärfreien Welt auch nicht mehr. Doch zum Glück wird ja in der Reproduktionstechnologie fieberhaft gearbeitet und so hat Mann gleich eine Lösung parat, eine technologische, unnatürliche Lösung. Wie könnte es auch anders sein? Und vor allem eine Lösung, die die Frau entbehrlich macht. Jeremy Rifkin beschreibt in seinem Buch »Das biotechnische Zeitalter« die Zukunftsvisionen unserer Wissenschaftler, denen die Sophia, die Weisheit, abhanden gekommen ist:

»Der verstorbene Nobelpreisträger Jean Rostand war der Überzeugung, dass die Schaffung eines künstlichen Uterus unumgänglich sei. Gegenwärtig arbeiten Wissenschaftler rund um die Uhr daran, Rostands Prophezeiung wahr werden zu lassen … In einem Artikel in Scientific American stellten Langer und Vacanti im Jahr 1995 fest, dass das Haupthindernis bei dem Versuch, ein ungeborenes Kind außerhalb des menschlichen Körpers am Leben zu erhalten, darin besteht, dass seine unreifen Lungen noch nicht in der Lage sind, Luft zu atmen. Sie schlagen daher einen sterilen, mit Flüssigkeit gefüllten Uterus vor.« (S. 63) Rifkin zitiert die beiden oben genannten Autoren dann folgendermaßen weiter: »Die Babys würden Flüssigkeiten atmen, sogenannte Perfluorcarbone, die hochkonzentrierten Sauerstoff und Kohlendioxid transportieren …

Eine Pumpe erhielte eine kontinuierliche Zirkulation der Flüssigkeit aufrecht und erlaubte den Gasaustausch ... Der Uterus könnte zusätzlich mit Filtereinrichtungen ausgestattet werden, mit deren Hilfe sich Toxine aus der Flüssigkeit entfernen ließen. Die Nährstoffzufuhr würde, wie jetzt auch, intravenös erfolgen. Der Uterus würde ein abgeschlossenes System bilden, in dem Entwicklung und Wachstum normal ablaufen könnten, bis es an der Zeit wäre für die zweite ›Geburt‹ des Kindes.« (S. 64)

Hinter diesen Träumen der Wissenschaftler steht eine vollkommen mechanistische Weltsicht. Dass ein Baby nicht nur eine genetisch determinierte Ansammlung chemischer Substanzen ist, dass ein Mensch eine Seele hat, dass in der Schwangerschaft bereits eine enge emotionale Bindung zwischen Mutter und Kind ausgebildet wird, die für das ganze weitere Leben eines Kindes von elementarer Bedeutung ist, wird von der Wissenschaft völlig außer Acht gelassen. Natürliche Kreisläufe werden zugunsten rein chemischer und physikalischer Kreisläufe außer Kraft gesetzt. Welch eine schöne neue Welt, die glaubt, mit hochfliegenden wissenschaftlichen Träumen die irdische Gebundenheit überwinden zu müssen und dies uns auch noch als Fortschritt verkauft: Fortschritt als Überwindung der Natur, Fortschritt als Überwindung der Abhängigkeit vom weiblichen Körper!

Die Wirklichkeit, jenseits der Wissenschaftleralpträume, sieht aber anders aus. In der Realität ist Produktion und Reproduktion aufs Engste miteinander verflochten und Produktionsarbeit auf Reproduktionsarbeit angewiesen. Nur wenn beide miteinander im Gleichgewicht stehen, kann die Spezies Mensch auf diesem Planeten überleben. Fritz Reheis schreibt in seinem Buch »Entschleunigung«:

»Dieses in der Welt überall auffindbare Prinzip ist für Aristoteles die ›kosmische Gerechtigkeit‹, an der sich das menschliche Handeln klugerweise orientieren sollte.« (S. 183)

Tatsächlich ist die kosmische Gerechtigkeit keine Erfindung von Aristoteles, sondern sie geht auf die altägyptische Maat zurück. Wenn wir uns nicht wieder auf diese kosmische Gerechtigkeit zurückbesinnen, wird die Erde immer mehr in eine Schieflage geraten. Und wenn wir nicht begreifen, dass uns die Dogmen des heutigen Turbokapitalismus (schnell, flexibel, mobil) unweigerlich auf exponentielle Weise in den Weltraum schießen, dann werden wir unsere irdische Lebensgrundlage verlieren. Reproduktion ist an natürliche Kreisläufe gebunden. Die Natur ist aber gerade nicht schnell, flexibel und mobil, sondern sie ist langsam, erfordert stabile Bedingungen und ist auf Verwurzelung, auf Radikalität angewiesen. Mit unserer Konzentration auf Beschleunigungsprozesse, auf Größe, auf Beweglichkeit haben wir den natürlichen Rahmen verlassen. Unsere Wirtschaft, unser Arbeits- und Leistungsbegriff hat jeden Bezug zu unserer irdischen Realität verloren und dies äußert sich auch in einem eklatant auffallenden monetären Ungleichgewicht zwischen produktiver Arbeit und reproduktiver Arbeit, das die kosmische Gerechtigkeit völlig außen vor lässt. Christian Leipert schreibt in seiner Familienstudie: »Aufwertung der Erziehungsarbeit«:

»Das ökologische und das soziale Familiensystem bilden das Kapital, ohne dessen permanent fließende Leistungsabgaben Wirtschaft und Gesellschaft nicht gedeihen, regenerieren und reproduzieren können. Unser herkömmlicher Arbeitsbegriff erachtet jedoch bisher nur die Tauschwerte, die im arbeitsteiligen System der Marktwirtschaft erzeugt werden, als wertvoll und als Ausdruck produktiver Arbeit. Er wertet Arbeiten in der außermarktlichen Sphäre, in der Ökologie und in der Familie als unproduktiv und wertlos ab. Es wird von Umweltschutzaufwendungen/-kosten bzw. von Sozialkosten gesprochen, statt den Investitionscharakter dieser Leistungen zur Regeneration und zur Verbesserung der ökologischen und sozialen Ressourcen der Gesellschaft zu erkennen und politisch herauszustellen.« (S. 13)

Das Bruttoinlandsprodukt, der umfassendste volkswirtschaftliche Leistungsindikator, misst die Produktionsleistung der Volkswirtschaft. Dieses statistische Instrument erfasst jedoch ausschließlich die im Produktivitätsprozess verankerte Erwerbsarbeit und ist damit völlig ungeeignet, um das tatsächliche Ausmaß von geleisteter Arbeit in unserer Gesellschaft zu beurteilen. Inzwischen wurde vom Statistischen Bundesamt der wirtschaftliche Wert der produktiven, aber bisher noch unentgeltlich erbrachten Leistungen in den privaten Haushalten ermittelt und in Geldwerten erfasst. Inhaltlich wurden der Haushaltsproduktion (unbezahlte Arbeit) vier Arbeitsbereiche zugeordnet:

- Hauswirtschaftliche Tätigkeiten (Kochen, Spülen, Putzen, Wäschepflege, Einkäufe, Organisation und Planung des Haushalts u.a.),
- Betreuung und Pflege,
- handwerkliche Tätigkeiten (wie Wohnungsrenovierung oder Autoreparatur),
- ehrenamtliche Tätigkeiten und freiwillige Arbeit in sozialen Organisationen oder Vereinen. Das Ergebnis dieser Berechnungen war verblüffend: Die Bedeutung der unbezahlten Arbeit ist wesentlich größer als allgemein angenommen. Die Zahlen, die aus dem Jahre 1992 stammen, belegen dass 48 Milliarden bezahlten Erwerbsarbeitsstunden knapp 77 Milliarden Stunden unbezahlter Arbeit gegenüberstehen. Das heißt, der zeitliche Umfang der unentgeltlichen Arbeit übersteigt den Umfang der Erwerbsarbeit um 60 %.

Um den wirtschaftlichen Wert der unbezahlten Hausarbeit zu ermitteln, haben die StatistikerInnen den Durchschnittslohn einer Hauswirtschafterin zugrunde gelegt. Das Ergebnis: Die privaten Haushalte erbringen durch Gratis-Arbeit eine Produktionsleistung von weit über 500 Milliarden Euro. Sie erreichen somit aus ökonomischer Sicht eine ähnliche Größenordnung wie die gesamte Warenproduktion der Landwirtschaft und des Verarbeitenden Gewerbes zusammen. Wird nicht der vergleichsweise niedrige Lohn einer Hauswirtschafterin zugrunde gelegt, sondern der Durchschnittsverdienst aller sozialversicherungspflichtigen

Arbeitnehmer, ist die Wertschöpfung der privaten Haushalte noch viel höher. (Zahlen aus: Bayerischer Rundfunk, 7.Mai 1998, 11.30–11.55 Uhr/B2 Radio) Bilden wir ein um die unbezahlte Haushaltsproduktion erweitertes Bruttoinlandsprodukt, entfällt auf die Haushaltsproduktion je nach Berechnung des Stundenlohnes ein Anteil zwischen 29–47% des Bruttoinlandproduktes. Rund zwei Drittel der unbezahlten Arbeit wird in unserer Gesellschaft von Frauen geleistet. In der Statistik ist diese Leistung jedoch bisher unsichtbar. (Christian Leipert und Michael Opielka: Erziehungsgehalt 2000)

In der Diskussion um das Problem der Arbeitslosigkeit wird der von Frauen geleistete Anteil an Arbeit, da er in den üblichen statistischen Wirtschaftsfaktoren praktisch nicht auftaucht, völlig außer Acht gelassen. Wie lange werden Frauen diese Ignoranz noch hinnehmen? Wie lange werden sie der Gesellschaft aus Idealismus ihre Arbeitskraft noch kostenlos zur Verfügung stellen, wenn dies nur mit massiven Benachteiligungen verbunden ist? Benachteiligungen in Form von hohem Einkommensverzicht und einem hohem Armutsrisiko, insbesondere bei mehreren Kindern, und Benachteiligungen in Form einer geringen Altersrente treffen auch das Selbstwertgefühl, weil die Arbeit, die Frauen leisten, auch ideell in unserer Gesellschaft keine Anerkennung findet, sondern als inferior gilt, als untergeordnet. Daran ändert sich auch nichts, wenn einige Politiker die Erziehungsarbeit von Frauen als ethisch hochstehend bewerten, denn mehr als Worte gibt es auch hier nicht. Wie wir gesehen haben, entscheidet heute die kapitalistische Ökonomie darüber, wer an der Wort- und Zahlenmagie unserer Gesellschaft teilhaben darf. Frauen haben nur bedingt die Zugangsberechtigung zu diesem Spiel. Mit Arbeit hat dieses Spiel jedenfalls nicht besonders viel zu tun, denn die meiste Arbeit machen in dieser Gesellschaft ja die Frauen, was auch zu erkennen wäre, wenn wir ihre gesellschaftliche Leistung in das Bruttoinlandsprodukt mit einrechnen würden. Aber das vergessen wir am besten gleich wieder, sonst könnte eine vielleicht auf die Idee kommen, bezahlt werden zu wollen für ihre Hausarbeit, für ihre Mutterarbeit. So geldgierig sollten wir wirklich nicht sein. Jede weiß doch, dass Vater Staat kein Geld mehr hat. Das Geld braucht der für wichtige Dinge: Der muss mit diesem Geld Kriege führen, den Weltraum erobern, Fußballstadien bewachen, damit es nicht zu Ausschreitungen der Hooligans kommt, die Straßen kontrollieren, damit nicht wieder ein rasender testosterongetriebener Autofahrer andere mit in den Tod reißt, größere Gefängnisse und forensische Kliniken bauen, um Platz zu haben für die armen Sexualstraftäter, die für ihre männlichen Triebe doch nichts können ... Nein, Geld für Frauen und für Kinder ist da wirklich keins mehr über. Nachher wollen die mit diesem Geld noch hoch hinauf, vielleicht sogar an die Spitze dieser Herrschaftspyramide. Ja, Frauen ist wirklich alles zuzutrauen, denn im Grundes ihres Herzens sind Frauen doch alle »Hexen«. Schlafende Hunde sollte Mann wirklich nicht wecken und schlafende Hündinnen natürlich erst recht nicht. Plötzlich könnten sich diese an ihre Verwandtschaft mit den wilden Wölfinnen erinnern, die doch inzwischen so erfolgreich domestiziert worden sind. Domus, das Haus, Dominus der Herr.

Aber vielleicht sollten wir uns doch an unsere Wölfinnennatur erinnern, wenn wir das uns in den Abgrund treibende Wirtschaftssystem ändern wollen. Wir sollten uns daran erinnern, dass in den weltweiten Matriarchaten das Gemeinschaftseigentum ursprünglich den Müttern gehörte und matrilinear an die Töchter, oft die jüngste Tochter; weitergegeben wurde, um die Subsistenzwirtschaft ihrer Sippe zu sichern. Mit zunehmendem Patriarchat wurde die schnelle Akkumulation materiellen Reichtums durch Krieg und Eroberung die erfolgreichste Produktionsweise. Die Mütter wurden ihres Gemeinschaftsbesitzes, ihres Landes und ihrer Subsistenzgrundlage beraubt. Unsere schriftlich fixierte Geschichtsschreibung beschreibt diese kolonialisierende und imperialistische Kapitalakkumulationsweise in heroischer Weise. Mit der Hexenverfolgung im Mittelalter wurde das Eigentum von Frauen endgültig enteignet und mit dem Beginn der Industrialisierung wurde mit der strengen Trennung zwischen Arbeit und Privatleben das Leben schenkende und nährende Lebensmodell von Frauen vollständig in den unsichtbaren Wirtschaftsbereich gedrängt und von Eigentum ausgeschlossen. Der Jahrtausende dauernden Plünderung haben wir Frauen es zu verdanken, dass wir weltweit heute größtenteils ohne eigenes Land und ohne eigenes Kapital dastehen. Und auch wir »emanzipierten« Frauen des Westens nehmen es unwidersprochen hin, dass wir nur dann Eigentum haben können, wenn wir uns dem männlichen Lebensmodell fügen und in der Lage sind, außer Haus zu arbeiten – und dann müssen wir auch voll am Kapitalakkumulationsprozess teilnehmen, mit allen zerstörerischen Folgen. Nur wenn wir diese emanzipatorische Fehlentwicklung erkennen und uns auf unsere uralte Muttermacht besinnen, werden wir an diesem kapitalistischen System etwas ändern können und das uns geraubte Land und Kapital zurückfordern, um anders damit umgehen zu können.

Die Diskussion um die Arbeitslosigkeit, die sich bisher nur in alten industriellen Denkschienen bewegt, würde tatsächlich eine ganz andere Richtung bekommen, wenn der Anteil, der in der privaten Haushaltsproduktion geleistet wird, die ihm gebührende öffentliche Berücksichtigung finden würde. Dabei würden wir auf einmal feststellen, dass das Problem der Arbeitslosigkeit weniger ein Problem von zu wenig Arbeit ist. Es ist allerdings auch kein Problem von zu wenig Kapital, denn Kapital ist ebenfalls genügend vorhanden. Sondern es ist vor allem ein Kapitalumverteilungsproblem, ein Kapitaltransferproblem. Als Fragen für die Zukunft ergeben sich daher:

- Wie kann soziale Sicherheit und Erwerbsstatus entkoppelt werden?
- Wie kann Kapital aus dem Produktivitätsprozess und Spekulationsprozess auf gesellschaftlich geleistete Wertschöpfungsarbeit transferiert werden?

- Wie kann eine überlebenswichtige Verlangsamung, Verkleinerung und Stabilisierung der Weltwirtschaft erreicht werden, um die exponentielle Wirtschaftswachstumskurve vor ihrem Break-down wieder in eine natürliche irdische Kreisbahn zu integrieren?

Da wir eine globalisierte Welt haben, können solche Fragen nicht wirklich national, sondern nur international gelöst werden. Dazu gibt es verschiedene Lösungsansätze:

- Zum einen würde die Durchsetzung globaler Arbeitsregeln, wie es die ILO (International Labour Organisation) mit internationalen Sozialstandards und Ökostandards bereits vorgeschlagen hat, den weltweiten, mörderischen Wettbewerb entschärfen, denn nicht Wettbewerb ist die Lösung, sondern Solidarität.
- Zweitens würden verschiedene internationale Steuern, die in einen Weltinvestitionsfond eingezahlt werden könnten – und zwar in einen Mütterinvestitionsfond –, die eklatante Schieflage zwischen Produktionsarbeit und Reproduktionsarbeit ausgleichen, das exponentielle Wirtschaftswachstum abbremsen und in eine natürliche, der Erde angemessene Kreisbahn überführen.
- Drittens müsste mit einer Geldreform die Zinseszinsmechanik aufgehoben werden und gleichzeitig ein Demurragesystem eingeführt werden. Das Geld müsste also mit einer zeitlich gestaffelten Verfallsgebühr versehen oder als ein negativer Zins auf Bargeld betrachtet werden. So würden die Besitzenden bestrebt sein, ihr Geld durch Eigenverbrauch oder Investitionen auszugeben, bevor es verfällt. Und das Geld könnte seiner eigentlichen Bestimmung gemäß fließen, da eine Anhäufung quasi bestraft würde. Dadurch würde die unselige Investitions-Gewinn-Konsum-Zwangsschraube entkoppelt und Gelder wären für die Gestaltung eines Guten Lebens frei.

- Viertens müssten die obszönen Gehälter des oberen Managements im Sinne einer kosmischen Gerechtigkeit ins moralische Visier genommen werden. 90% ihrer Gehälter könnte diese Gesellschaftsgruppe ohne Schmerzen im Sinne eines Guten Lebens der Allgemeinheit zur Verfügung stellen. Schon ein Teil davon würde zu einer starken Verminderung der Luxusproduktion führen, die besonders viele Ressourcen dieser Erde verbraucht. Nötig wäre allerdings eine radikale Selbsteinsicht mit der Haltung: »Wir schämen uns für unsere Habgier.« Das Wort Scham ist ein altes Wort der Weisheit, das im Patriarchat sexuell moralisch verkrümmt wurde, im matriarchalen Sinn aber zur kosmischen Gerechtigkeit der Maat führt.
- Fünftens müsste die Langsamkeit und die Kleinheit geschützt werden. Angefangen von den Familien als kleinste gesellschaftliche Einheit über die lokalen Subsistenzwirtschaften und mittelgroßen Handwerksbetriebe bis zu den nationalen kleinen Wirtschaftseinheiten. Die Varianz einer Gesellschaft würde damit stark verbreitet und die Gesellschaft würde durch die Verschiedenartigkeit der Existenzsicherungsmöglichkeiten stabilisiert. Alle Monobestrebungen würden damit zu einem Ende kommen.

Durchgesetzt werden könnte ein solches Programm, wie Monbiot es in seinem Buch »United People« vorgeschlagen hat, nur durch ein direkt und demokratisch gewähltes Weltparlament. Da die UNO und ihre Unterorganisationen nicht die Interessen des größten Teils der Menschheit vertreten, sondern nur das einseitige Kräfteverhältnis innerhalb der Staatengemeinschaft nach dem Zweiten Weltkrieg wiederspiegeln, scheint ein direkt gewähltes Weltparlament die einzige Möglichkeit zu sein, das eklatante Ungleichgewicht auf dieser Erde in Richtung größerer Sozial- und Umweltgerechtigkeit aufzuheben. Um die Interessen der Mütter und ihrer Kinder dabei besser zu berücksichtigen, müssten Mütter je nach Anzahl ihrer Kinder, eine entsprechende Zahl an Stimmen erhalten.

Meine Forderung einer ausreichenden Besetzung dieses Gremiums mit Müttern stützt sich vor allem auf deren hohe Kompetenz. Wie Veronika Bennholdt-Thomsen, die die Vorstellung vom Guten Leben als eine matriarchale Weltsicht begreift, schreibt, besitzen Frauen und Männer ein unterschiedliches, in der Regel komplementäres Subsistenzwissen – also darüber, wie die eigenen Bedürfnisse gestillt werden können in einem wirtschaftlichen Rahmen, der ohne globale ausbeuterische Vernetzungen auskommt. Und die Subsistenzforscherin betont: »Aber nicht nur für unsere Gesellschaft, sondern weltweit gilt für die Gegenwart, dass Frauen mehr über Subsistenzwissen und vor allem -praxis verfügen als Männer.« Frauen »kennen ... zahlreiche Anknüpfungspunkte für eine subsistenzperspektifische gesellschaftliche Entwicklung und folgen aufgrund ihrer praktischen Erfahrung auch eher einem anderen Wertesystem bzw. einer anderen Ethik.« (»Die Subsistenzperspektive. Wirtschaftsethik aus Frauensicht«, in: KursKontakte, Ausg. 150, 2007, S. 22)

Zum Thema Steuern liegen bereits viele Vorschläge vor. Um das Kapital zu entschleunigen, wird allenthalben eine Devisenspekulationssteuer oder Tobinsteuer von einem halben bis einem Prozent diskutiert. Ob dieser scheinbar geringe Betrag ausreicht, um eine Verlangsamung zu bewirken, wird sich in der Praxis zeigen müssen. Jedenfalls »würde eine solche Steuer dem gezielten Nach-unten-Spekulieren von Währungen entgegenwirken und insgesamt die Weltwirtschaft stabilisieren. Vor allem aber würde eine solche Steuer finanzielle Mittel in Höhe von mehreren hundert Milliarden US-Dollar jährlich bringen«, schreibt Fritz Reheis in seinem Buch über Entschleunigung, S. 231.

Weitere mögliche Steuern, um die Wirtschaft von ihrem tödlichen Höhenflug abzubremsen, wären eine Maschinensteuer, um den durch Maschineneinsatz gewonnenen Produktivitätszuwachs nicht allein den Investoren und Managern zugute kommen zu lassen und um weitere Rationalisierungsmaßnahmen mittels Entlassungen unattraktiv zu machen. Koppeln könnte man eine solche

Steuer noch mit einer Wertschöpfungssteuer für die schnellsten und größten Unternehmen, um den kleinen und mittleren Produktionsbetrieben auf dem Markt wieder eine Chance zu geben und die Monopolisierung und Undurchschaubarkeit durch immer größere Fusionen der transnationalen Betriebe entgegenzuwirken. Mit einer Transportsteuer könnten die regionalen Märkte gestärkt und der unsinnige Verbrauch von Ressourcen drastisch reduziert werden.

Sehr sinnvoll für die Befriedung unserer Gesellschaft wäre auch eine Steuer auf Gewaltdarstellungen in den Medien und Computerspielen. Würde jeder dargestellte Mord im Fernsehen oder Film besteuert, würde sich die Medienindustrie sicherlich erbaulichere Themen zur Unterhaltung einfallen lassen. Das gleiche gilt für blutige und brutale Kampfhandlungen in den Computerspielen. Kombiniert werden könnten diese Industriesteuern mit einer internationalen Vermögensteuer auf große Privatvermögen.

Neben diesem Einsatz internationaler Steuern zur Beruhigung der Weltwirtschaft und zur Stärkung einer kosmischen Gerechtigkeit wäre eine Geldreform nötig, die den Zinseszinsmechanismus abschafft. Der Geldtheoretiker Helmut Creutz hat in seinem Buch »Das Geldsyndrom« vorgerechnet, dass z. B. in Deutschland nur 10 bis 15 % der Haushalte von der Existenz von Zinsen profitieren, während 85 bis 90 % durch Zinsen geschädigt werden. Fritz Reheis schreibt dazu in »Entschleunigung«:

»Die Idee einer Geldreform geht davon aus, dass Geld an und für sich eine nützliche Erfindung ist. Geld als Tauschmittel ist mit einem universellen Transportmittel für Waren und Dienstleistungen vergleichbar, also eine öffentliche Einrichtung, genauso wie zum Beispiel eine Straße, eine Eisenbahnstrecke oder ein Telefonnetz. Wer eine solche Einrichtung blockiert, der behindert den Transport und macht sich eigentlich strafbar. Damit nun Geld nur zum Transport, also zum Erwerb von Waren dient, darf es keine Zinsen abwerfen, weil sonst jeder bemüht ist Geld zu behalten und damit den Geldfluss zu blockieren.« (S. 201)

Geld im Fluss zu halten, ist nun ein sehr natürlicher, am Wasser orientierter Ansatz und siehe da, er zeitigt schnelle Erfolge. Mehrere Autoren haben sich ausführlich mit diesem Thema beschäftigt, u. a. auch der Finanzguru John Maynard Keynes. Bernhard Litaer schreibt dazu in seinem Artikel »Eine Welt, eine Währung«: »Statt Zinsen zu erheben, kann man Geld mit einer Demurrage belegen, gewissermaßen eine Strafgebühr für die Hortung. Durch die Demurrage verliert das Geld seine Funktion als Wertaufbewahrungsmittel und wird zum reinen Tauschmittel.«

In der Geschichte gibt es bereits positive Erfahrungen mit dem Instrument der Demurrage. So war in der Zeit der Gotik eine Zinsnehmung durch eine päpstliche Bulle untersagt. Es gab regelmäßige Geldverrufungen, bei denen die jeweils alten Dünnpfennige gegen neue eingetauscht werden mussten. Der Umtausch erfolgte gegen eine Prägesteuer von 10–25 % der zum Umtausch gebrachten Münzen. Mit diesem Verfahren wurde eine Geldhortung und damit eine künstliche Verknappung des Geldes verhindert. Da es finanziell nicht interessant war, dass Kapital zu akkumulieren, wurde zu dieser Zeit viel Geld z. B. in den Bau von Kathedralen investiert. Manches Kirchenfenster, wie z. B. im Freiburger Münster, zeigt noch heute das Wappenzeichen der Gilde oder Zunft, die es damals gespendet hat. (www.anhalt.net)

Auch im österreichischen Wörgl wurde während der Weltwirtschaftskrise dieses System erfolgreich angewendet. Die Arbeitslosigkeit sank innerhalb eines Jahres um 25 %. Allerdings war dies nicht im Interesse der Regierungen und Zentralbanken in Amerika und in Europa, weil die um ihr Geldmonopol fürchteten, und so wurde es bald wieder abgeschafft.

Internationale Steuern und Geldreform sind natürlich nicht im Sinne der Reichen und der transnationalen Konzerne, der patriarchal Mächtigen dieser Welt. Veränderungen in diese Richtung werden daher auch nicht freiwillig von den jetzigen Machthabern aufgenommen werden. Dazu bedarf es eines großen internationalen Widerstandes gegen das jetzige System. Viel Widerstand gegen den weltweiten Neoliberalismus unserer Zeit hat sich ja schon formiert. Frauen und Mütter könnten aber einen wesentlich stärkeren Beitrag zu diesem internationalen Protest gegen die konzernbestimmte Globalisierung beitragen, wenn sie sich ihres großen Machtbereichs bewusst würden. Durch eine stille Revolution von unten könnte sehr einfach das bestehende patriarchale kapitalistische Machtgefüge durcheinandergewirbelt werden. Denn im Grunde verfügen Frauen über eine enorme Macht. Kein Wunder, denn das Wort Macht enthält die große heilige Silbe Ma, die uralte Muttermacht, die uralte Macht des Lebens, die seit fünftausend Jahren durch die mit Waffen durchgesetzte patriarchale Macht des Todes unterdrückt und beherrscht wird.

Die Muttermacht bezieht sich auf vier Bereiche:

- Gebärmacht
- Erziehungsmacht
- Arbeitsmacht
- Konsummacht

Und diese Muttermacht ist tatsächlich mächtig. Das Problem ist eher ein mangelndes Machtbewusstsein der Frauen und Mütter, weil der Begriff Macht genauso wie der Begriff Autorität von vielen Frauen negativ mit Herrschaftsmacht gleichgesetzt wird.

Über die *Gebärmacht* – und dass wir mit unserer Weigerung, Leben zu gebären, alles zum Erliegen bringen können – habe ich bereits geschrieben. Die Macht Leben zu schenken, wurde von der Göttin den Frauen anvertraut und mit diesem veränderten Mutterbewusstsein, sind wir nicht einfach Reproduktionsmaschinen, die Kinder gebären, um sie einem patriarchalen Gesellschaftssystem in den Rachen zu werfen, sondern wir sind die Hüterinnen, die Wächterinnen des Lebens – die sich auch weigern können.

Der zweite große Machtfaktor, über den Frauen verfügen, ist die *Erziehungsmacht*. Und auch hier können Mütter ganz gewaltfrei und still und leise an einem Bewusstseinsveränderungsprozess arbeiten, indem sie ihre Kinder anders erziehen.

Die dritte Macht, die Frauen und Mütter zur Verfügung steht, ist die *Arbeitsmacht.* Laut UNO leisten Frauen weltweit 75 % der bezahlten und unbezahlten Arbeit, erhalten dafür aber nur 10 % aller bezahlten Löhne und Gehälter und nennen nur 1 % des Besitzes ihr Eigen. Frauen verdienen durchschnittlich 30 % weniger als Männer bei gleicher oder vergleichbarer Tätigkeit. In Deutschland stellen sie 80 % der Sozialhilfeempfänger und sind 90 % der Teilzeitbeschäftigten und 400-Euro-Job-InhaberInnen. Kein Wunder also, dass Männer durchschnittlich 900 Euro Rente im Monat bekommen, Frauen aber nur durchschnittlich 450 Euro, obwohl sie diejenigen sind, die durch ihre Fähigkeit, Kinder zu gebären und sie großzuziehen, erst überhaupt eine Rentenzahlung ermöglichen. Und noch ein paar Zahlen: 65 % der Frauen mit Kindern sehen ihre eigene Freizeitgestaltung durch Kinder stark eingeschränkt, aber nur 23 % der Männer. Nur 2 % der Männer nehmen Erziehungszeiten und 80 % aller Frauen sind für Kochen und Putzen zuständig.

Hier kommt ein weiterer weiblicher Machtansatz zum Tragen. Wenn Frauen 75 % der Arbeit in dieser Welt erledigen, von dem nur ein minimaler Teil sichtbar monetär entlohnt wird, so verfügen sie sozusagen fast über ein Arbeitsmonopol. Nehmen wir den formell bezahlten Teil der Frauenarbeit heraus, so erhöht sich die Monopolstellung. Monopole berechtigen in einem kapitalistischen System immer dazu, hohe Preise zu realisieren. Würden Frauen weltweit geschlossen streiken und ihre Arbeit niederlegen, könnte das kapitalistische System ebenfalls nicht lange funktionieren. Wenn Frauen aufhören würden zu putzen, würden die hygienischen Verhältnisse im wahrsten Sinne des Wortes bald zum Himmel stinken. Würden Frauen ihre Kochkünste einstellen, wäre die Ernährung akut gefährdet. Würden Frauen ihre Arbeit in der Pflege einstellen, würde es bald zu einem massenhaften Sterben von Kindern und Alten kommen. Müssten Männer alle Arbeit, die Frauen ihnen in dieser Welt kostenlos und ohne Forderungen zu stellen abnehmen, ihren eigenen Geldwertkriterien gemäß bezahlen, wäre unsere heutige Wirtschaftsform schnell aus den Fugen, insbesondere wenn wir Managergehälter als Maßstab nehmen, die in den USA viele tausend Dollar Stundenlöhne für gerechtfertigt halten. Hier also die mit Weisheitsgarn gesponnene Frage: Warum wird die Managementtätigkeit einer Mutter – und um nichts anderes handelt es sich bei der Familienarbeit –, gar nicht bezahlt, während Männer ihre Arbeit und vor allem sich selbst so wichtig nehmen, und dabei horrende Summen einstreichen können?

Während in Deutschland alle den Gürtel enger schnallen und sparen müssen (sagen zumindest die Politiker und die Medien, und das Volk, das den Zugang zur Maat, der rechten Weltordnung, und zur Sophia, der Weisheit, verloren hat, glaubt es bereitwillig), während also alle sparen, bewilligen sich die Manager der großen Konzerne Gehaltserhöhungen. Hans-Peter Bartels nennt in seinem Buch »Victory-Kapitalismus« aktuelle Zahlen. So verzeichnen die Bosse des Energiekonzerns Eon auf ihren Gehaltskonten von 2002 auf 2003 ein sattes Plus von 108 Prozent, die Allianz-Herren ein Plus von 46, Henkel von 22. Begründet wird dieser Gehaltsanstieg mit einer immensen Leistung. Als zweites Motiv für ihre enormen Gehälter bringen unsere Topmanager gern die große Verantwortung ins Spiel, die auf ihren Schultern lastet. Hans-Peter Bartels nennt in seinem Aufsatz »Welche Leistung lohnt sich?« dazu folgende Zahlen:

»Die vier Vorstände der Deutschen Bank verdienten im Jahr 2002 gemeinsam gut sechsmal soviel wie unsere ganze Bundesregierung. Sechsmal soviel Verantwortung für die Welt? Und die 13 Vorstände von Daimler-Chrysler bekamen zur gleichen Zeit soviel wie alle 603 Bundestagsabgeordneten zusammen. Ein Daimler-Chrysler-Vorstand gleich 45 Abgeordnete?« (S. 29)

Hans-Peter Bartels fragt weiter: »Aber was sind die Kriterien für Leistung? Der Gewinn vielleicht? Wohl kaum, denn Vorstandsbezüge steigen vielfach auch dann noch, wenn sich Unternehmensverluste ausweiten. So stieg der Verlust der Dresdner Bank von 942 Millionen Euro (2002) auf zwei Milliarden (2003) – die Ausgaben für die Vorstände stiegen aber von 9,6 Millionen Euro (2002) auf 11 Millionen (2003). Die durchschnittlichen Bezüge eines Vorstandsmitglieds der Hypo-Vereinsbank betrugen 2002 etwa 1,1 Millionen Euro, 2003 rund 1,3 Millionen – während sich der Verlust der Bank auf 2,4 Milliarden ausweitet.« (S. 28)

Und Bartels enthüllt weitere interessante Zahlen: »Das durchschnittliche Jahresgehalt eines Vorstandsmitglieds in einem der 30 Dax-Unternehmen betrug im Jahr 2002 (ohne Aufsichtsratsvergütungen oder Aktienoptionen) das 52-Fache des durchschnittlichen Arbeitnehmereinkommens (26 374 Euro). Nimmt man das Leistungsargument wörtlich, müsste der Konzernlenker die 52-fache Leistung eines Durchschnittarbeitnehmers erbringen, um seinem Gehalt gerecht zu werden.« (S. 29)

Erweitern wir diese Rechnung auf die Leistung einer Mutter und nehmen wir als Bezahlung das Kindergeld von 6 000 Euro pro Jahr bei einer Mutter mit zwei Kindern, so würde das bedeuten, dass ein Vorstandsmitglied die 250-fache Leistung einer zweifachen Mutter erbringt. Bei einer Mutter mit vier Kindern, die ca. 7 800 Euro Kindergeld pro Jahr erhält, würde das immer noch fast die 180-fache Leistung darstellen. Wie jede auf den ersten Blick sehen kann, sind die Leistungsrelationen vollkommen aus den Fugen geraten, oder nimmt irgendeine im Ernst an, dass ein Manager – und wäre er der beste der Welt – eine 180-fache Leistung einer Mutter mit vier Kindern erbringt?

Leistung ist Arbeit pro Zeiteinheit. Der Zeiteinsatz von Frauen mit Kindern steht dem von Managern in nichts nach und die Leistung, die Mütter erbringen, und die Verantwortung, die sie für das Leben tragen, unterscheidet sich bei objektiver Bewertung in nichts von den Vorständen unserer Wirtschaft, von denen in Deutschland übrigens bei 200 Personen 199 männlichen Geschlechts sind. Wie ähnlich das Anforderungsprofil zwischen

Managern und Familienarbeit wirklich ist, bemerken wir, wenn wir die Arbeit einer Mutter in die Sprache des Managements übertragen, wie Dorothee Echter dies in ihrem Buch »Lust auf Macht« getan hat. Das Anforderungsprofil für diesen Arbeitsplatz liest sich dann so:

- Prioritäten setzen und Entscheidungsprozesse steuern: z. B. entscheiden, ob der Zahnarzttermin für die löchrigen Milchzähne der Jüngsten oder der Elternsprechtag für den Ältesten Vorrang haben sollte, ob Klaus in der neunten Klasse Griechisch oder Französisch wählen sollte …
- Organisation der Ressourcen, wie Zeit und Geld: z. B. die Terminkoordination aller Personen innerhalb und außerhalb der Familie, Budgetplanung, Investitionsplanung und -realisierung …
- Zielsetzung, Delegierung von Aufgaben, Motivation und Kontrolle der Aufgabenerfüllung: z. B. Aufgabenverteilung im Haushalt, gute Schulnoten und Notendurchschnitt erreichen, Verantwortung für angeschaffte Haustiere etc.;
- Gestaltung von Incentives (Belohnungen zur Motivationssteigerung): z. B. Kindergeburtstage, Einladung für Geschäftsfreunde, Jubiläen, Betreuung in- und ausländischer Gäste …
- Aufgaben eines Coachs und Mentors, wie Ratgeben, Ermutigen, Loben, Bestätigen: z. B. Geduld und Vertrauen vermitteln, so dass Risikobereitschaft entsteht, Freude am Wachstum und zunehmender Eigenständigkeit der »Geführten«; Programmentwicklung zur Unterstützung und Förderung der Fähigkeiten und Fertigkeiten wie Schwimmkurse, Musikschulunterricht, Ballettunterricht, Computerkurse …
- Pragmatismus im täglichen Chaosmanagement, ohne allzu viel störenden Perfektionismus und Theorieballast, ergebnisorientiert und schnell

Die vierte Macht der Frauen ist die *Konsummacht,* denn Frauen sind nicht nur als auszubeutende Arbeitstiere für den kapitalistischen Wirtschaftskreislauf von immenser Bedeutung, sondern auch als Konsumentinnen, als Kundinnen. Von der heute weltweit geltenden Wachstumsethik, wird uns weisgemacht, dass unsere Bedürfnisse unendlich sind, dass wir immer mehr brauchen, um schließlich den paradiesischen Glückszustand zu erreichen. Von der Werbung, insbesondere der Markenwerbung, werden diese Bedürfnisse visuell mit Image und Wert gefüllt. Eigene Identität erhält frau nur, wenn sie sich mit dem Image einer Marke identifiziert. Merkwürdig ist nur, dass der Besitz dieser Markenware nicht wirklich sinnerfüllt glücklich macht. Sticht frau mit einer Nadel in den aufgeblasenen, traumgefüllten Showballon, so platzt er. Zurück bleibt eine innere Leere, die nur kurzfristig betäubt werden konnte. Maria Mies schreibt dazu in ihrem Buch »Patriarchat und Kapital«:

»Dabei ist es eine bekannte Tatsache, dass der Konsum für viele Frauen in den reichen Ländern zu großen Teilen eine kompensatorische Funktion hat. Wenn sie frustriert sind, sich schlecht fühlen – und viele fühlen sich dauernd schlecht –, stürzen sie sich in einen Kaufrausch.« (S. 268)

Wenn der Kauf vieler Produkte nur einen kompensatorischen Effekt hat, sollten wir Frauen uns Gedanken machen über unsere wirklichen Bedürfnisse und falsche, uns von der Werbung untergeschobene Bedürfnisse durchschauen lernen. Dieselbe Autorin schreibt weiter:

»Wir müssen die Lüge zurückweisen, dass menschliche Bedürfnisse prinzipiell unendlich und unersättlich sind. Dieser faustische Begriff der unersättlichen Bedürfnisse ist das Kernstück des Paradigma des ›Weißen Mannes‹. Er ist die notwendige Voraussetzung für eine ins Unendliche fortschreitende Kapitalakkumulation und Naturzerstörung. Bedürfnisse, die nie befriedigt werden, sind aber keine Bedürfnisse, sondern Süchte.« (S. 279)

Das Patriarchat als Suchtsystem. Hierzu schreibt Christiane Northrup in ihrem Klassiker »Frauenkörper Frauenweisheit«: »Die patriarchalische Gesellschaftsstruktur fordert von Frauen, den zweitklassigen Mitgliedern der Gesellschaft, ihre Hoffnungen und Träume zu ignorieren oder zugunsten von Mann und Familie aufzugeben. Aus dieser systematischen Unterdrückung und Verleugnung des Bedürfnisses nach Selbstausdruck und Selbstverwirklichung ist ungeheures psychisches Leid entstanden. Es ist eine alte weibliche Tradition, die Konfrontation mit diesem Leid durch Suchtmittel und Suchtverhalten zu vermeiden.« (S. 30)

Weiter unten zitiert Nothrup Anne Wilson Schaef, die sich eingehend mit dem patriarchalen Suchtsystem auseinandergesetzt hat: »Alles kann süchtig machen, Substanzen, (z. B. Alkohol) genauso wie Prozesse (z. B. Arbeit), weil es bei der Sucht darum geht, einen Puffer zwischen sich und die Wahrnehmung der eigenen Gefühle zu schieben. Mit der Betäubung durch die Sucht wird der Kontakt zum eigenen Wissen und Fühlen verhindert.« (S. 30)

Wenn wir uns also bewusst machen, dass wir bei vielen unserer Einkäufe Opfer unserer Sucht sind, wahre Bedürfnisse zu kompensieren, bekommen wir wieder eine Eigenmächtigkeit über unseren Konsum. Wenn wir darüber wieder verfügen, können wir kritische Kundinnen und Konsumentinnen werden. Dann können wir über unser Konsumverhalten bzw. unser Konsumboykottverhalten Sozialstandards und Umweltstandards einfordern. Dann können wir die Massentierhaltungen, die Überdüngung und Vergiftung unserer Lebensmittel, die Kinderarbeit und ausbeuterische Frauenarbeit beeinflussen. Wir müssen uns nur die Mühe machen, hinter die Kulissen der schönen Einkaufswelt zu schauen.

Nehmen wir also unseren Machtbereich wahr, um die Welt in Richtung einer Gesellschaft zu verändern, in der die Mutter die sakrale Mitte der Gesellschaft ist und ihre Kinder in die Geheimnisse eines Guten Lebens einweist – und erinnern wir uns dabei an eine uralte Mutterweisheit: die Mathematik.

# Die Natur als Netz des Lebens

»Der Mensch hat das Netz des Lebens nicht gewebt, er ist nur ein Strang dieses Netzes. Was immer er dem Netz antut, tut er sich selbst an.« (Häuptling Seattle aus Amerika)

Natur im Patriarchat ist beherrschte Natur. Natur, deren Sinn sich darin erschöpft, dem Menschen als Herren dieser Schöpfung zu dienen. So dienen die Bodenschätze dieser Erde dazu, den Menschen zu bereichern, die Öl- und Gasvorkommen, den Menschen zu wärmen, die Wälder dieser Welt, den Menschen mit Nutzholz in all seinen Variationen zu versorgen, die landwirtschaftlichen Nutzflächen und die landwirtschaftlichen Nutztiere, den Menschen zu ernähren, die Schönheit der Natur, den Menschen zur Erholung zur Verfügung zu stehen. Über allem steht hierarchisch pyramidal der Mensch als Krone der Schöpfung mit dem religiös untermauerten Auftrag, sich die Erde untertan zu machen. Dieses anthropozentrische, den Menschen in den Mittelpunkt stellende Denken hat mit der Industrialisierung apokalyptische Ausmaße angenommen. Jeder spürt die wachsende ökologische Krise, die zunehmende Erderwärmung, das Abschmelzen der Gletscher und Polkappen, die Veränderung des Klimas, das wachsende Ozonloch, die Zunahme der Hurrikans, Tsunamis, Dürreperioden und Stürme, die Belastung der Luft und nicht zuletzt auch die Lebensmittelskandale. Wir sind auf dem besten Wege dazu, das Leben auf diesem Planeten unmöglich zu machen, aber wir ändern nichts. Wir betreiben Vogel-Strauß-Politik. Wir reden weiter von Wachstum, wir reden weiter von technologischer Entwicklung.

Wenn wir ein »gewisses ökologisches Bewusstsein« haben, dann hoffen wir auf technologische Neuerungen, wie den Einsatz erneuerbarer Energien, wir hoffen auf Wärmedämmung, Solartechnik, Photovoltaik, Brennstoffzellen, Wasserstofftechnik oder noch besser auf die Kernfusion, die alle Energiesorgen der

Menschheit, wohlgemerkt nur der Menschheit, zu lösen verspricht, aber wir sprechen weiter von Wachstum. Wir hoffen auf die Gentechnik, um das Welternährungsproblem zu lösen, und auf weitere technologische Erfindungen, um das Problem der Arbeitslosigkeit zu lösen. Wenn wir schon ein wenig unruhiger geworden sind, sprechen wir von nachhaltigem Wachstum, wir sprechen wie Friedrich Schmidt-Bleek mit seinem Institut Faktor 10 von Dematerialisierung. Dematerialisierung bedeutet, die Ressourcen dieser Erde sehr viel intelligenter einzusetzen als heute, die Ressourcenproduktivität durch besseres Ressourcenmanagement deutlich zu erhöhen. Aber wird das ausreichen? Da es heute durch Werbung und Marketing gelungen ist, die Konsumbedürfnisse des »weißen Menschen« nach Coca Cola, Mc Donalds, Mercedes, BMW und Porsche auch in der hinterletzten mongolischen Jurte zu wecken und sie als das wahre Glück für die gesamte Menschheit darzustellen, stehen wir vor enormen Ressourcenproblemen. Ein Mitteleuropäer verbraucht pro Jahr etwa 75 Tonnen Natur ohne Wasser. Ein Vietnamese dagegen verbraucht derzeit nur etwa zwei Tonnen (Interview Friedrich Schmidt-Bleek, Dematerialisierung, www.faktor-x.info/cms.phb). Was wäre, wenn die Vietnamesen, die Chinesen, die Inder, die Südamerikaner, die Afrikaner sich auf unser Niveau begeben würden? Gibt es soviel Ressourcen überhaupt auf der Erde, noch dazu, wenn wir die Prognosen der Bevölkerungsentwicklung der UNO berücksichtigen, die von einem jährlichen Wachstum an Menschen von 80 Millionen pro Jahr ausgehen, so dass wir im Jahr 2020 von ca. 8 Milliarden Erdenbürgern ausgehen müssen (UN World Population Prospects: The 1992 Revision, www.animal-health-online.de)?

Keine Sorge, der Markt wird es schon richten! Steigt die Nachfrage, so steigt der Preis, und steigt das Angebot, so sinkt der Preis. So wird sich für die Rentabilitätsrechnungen der Industrie nichts verändern: Die Lohnkosten werden weiter aufgrund neuer Technologien und eines Überangebots an »Humankapital« sinken, dann dürfen die Preise für Rohstoffe ruhig weiter steigen. Der Reiche kann sich dann die so hergestellten Produkte immer noch leisten, und das ist doch das wichtigste Ziel des Patriarchats: die Spitze der Pyramide zu versorgen. Aber vielleicht geht die Rechnung nicht auf, wenn immer mehr Hungernde zu den Fleischtöpfen der Reichen drängen. Vielleicht können dann auch die Reichen irgendwann nicht mehr in ihren bewachten Exklaven in Frieden schlafen.

Andrew McLaughlin beschreibt in dem Buch »The Deep Ecology Movement« den Zustand dieser Welt folgendermaßen: »Der Ausbau der Industrialisierung, hoch verehrt als ›wirtschaftliches Wachstum‹, ist ein Prozess der von Politikern und Populisten gleichermaßen als der einzige Weg zu ›Wohlstand‹ gepriesen wird … Aber ein solcher ›Fortschritt‹ ist cancerogen von der Perspektive der übrigen Natur aus.« (S. 257, Übersetzung K. Armbruster)

Wohlstand heißt Prosperität und kommt von dem lateinischen Wort pro-spere, d. h. hoffen. Hoffnung brauchen wir aber nicht besonders viel haben, angesichts der wahren Verhältnisse, auf die die Welt zunehmend zusteuert. Der obige Autor schreibt weiter:

»Wir haben eine Welt, die einen signifikanten Klimawandel, massenhafte Völkerwanderungen und nukleare Szenarien mit unstabilen politischen Verhältnissen kombiniert. Viele Spezies auf dieser Erde sind vom Aussterben bedroht und dieser Prozess wird anhalten. Landwirtschaftliche Nutzflächen verwandeln sich in Wüsten. Wir haben dies mit etwas mehr als 5 Milliarden Menschen geschafft. Ein Viertel dieser Menschen haben Lebensstile, die weit desaströser in ihren Auswirkungen auf die Umwelt sind, als die der übrigen drei Viertel. Eben dieses Viertel ist verantwortlich für zwei Drittel der globalen Erwärmung und die fast vollständige Zerstörung der Ozonschicht. Hätten wir gleichbleibende Bevölkerungszahlen würde die weitere Verbreitung des Lebensstils der Reichen auf die Armen einen weiteren zusätzlichen Druck auf die Umwelt bedeuten. Aber wir haben keine stabile Weltbevölkerung … Würden wir den Konsumlevel der reichen Länder auf die ganze Welt übertragen, so würden sich die heutigen Umweltbelastungen um den Faktor 20 bis 30 multiplizieren.« (S. 260, Übersetzung K. Armbruster)

Wenn eine wirklich über diese Probleme nachdenkt und sie nicht verdrängt, so ist sie auf einmal gar nicht mehr so glücklich. Sie spürt die Bedrohung und die Angst, besonders wenn sie Kinder hat, die Angst vor der Zukunft, inmitten all dieses Wohlstands in den Ländern des Nordens. Wenn eine die Gedanken tiefer gehen lässt, spürt sie vielleicht sogar, dass das Fundament des »weißen Menschen«, das Lebensmodell der sogenannten Zivilisation, doch nicht ganz das Richtige ist und dass die Nachteile dieses ganzen Konsum-Terrors die Vorteile aufheben. Vielleicht war das Lebensmodell der indigenen Völker, die wir immer als primitiv eingestuft haben, doch eher weise: das Leben in Kreisläufen, die Achtung vor Mutter Erde, die Verbundenheit mit der Natur, die Rituale und Gesänge für die Natur. Vielleicht sollten wir unser Lebensmodell radikal, von der Wurzel her, überdenken, wie es die »Tiefenökologie« oder auch »Ganzheitliche Ökologie« (im Englischen: »The Deep Ecology Movement«) tut, und nicht bei Umweltreformen stehen bleiben, die nur die Symptome der Umweltkrisen zu behandeln versuchen. Der Begründer des »Deep Ecology Movement«, der Norweger Arne Naess, unterscheidet sehr deutlich zwischen der, wie er es nennt, »shallow and deep ecology«, der »oberflächlichen und der tiefen Ökologie«, wobei die »oberflächliche Ökologie« den Mainstream der Umweltbemühungen dominiert. Alan Drengson und Yuichi Inoue schreiben in ihrer Einführung des Buches »The Deep Ecology Movement«:

»Die oberflächliche Ökologie befürwortet weiteres wirtschaftliches Wachstum und Umweltschutz durch technische Innovationen (so wie z. B. Katalysatoren), »wissenschaftliches« Ressourcenmanagement und sanfte Veränderungen des Lebensstils (wie z. B. Recycling). Sie vermeidet ernsthafte fundamentale Fragen über unsere Werte oder unsere Weltsicht, sie hinterfragt nicht unsere sozialen und kulturellen Institutionen und unseren persönlichen Lebensstil.«(S. XIX, Übersetzung K. Armbruster)

Im Gegensatz dazu stellt die Tiefenökologie unseren anthropozentrischen Zugang zur Natur in Frage. John Seed schreibt in dem

Buch »Denken wie ein Berg, Ganzheitliche Ökologie: Die Konferenz des Lebens« in einem Artikel, der die Überschrift »In uns hineinhören, wie die Erde weint« trägt:

»Im Rahmen der Ganzheitlichen Ökologie wird der Mensch – ganz im Gegensatz zu den Kernaussagen der jüdisch-christlich-marxistisch-humanistischen Tradition – nicht als letztgültiger, oberster Wertmaßstab oder als die Krone der Schöpfung angesehen. Wir sind nur ›einfaches Mitglied‹ der Gemeinschaft organischen Lebens, und unsere Arroganz gegenüber dieser Gemeinschaft bedroht nicht nur uns selbst, sondern alles Leben. Wir müssen lernen ›leben zu lassen‹, anderen Arten zu erlauben, ihren jeweiligen Bestimmungen nachzugehen, ohne sie zu beherrschen. Wir müssen verstehen lernen, dass Lebensformen keine Pyramide bilden, auf deren Spitze die menschliche Rasse steht, sondern vielmehr einen Kreis, in dem alles mit allem anderen verbunden ist. Wir müssen erkennen, dass die Umgebung nicht ›da draußen‹ ist und dass wir uns selbst zerstören, wenn wir die Luft oder das Wasser oder die Erde vergiften, da auch wir untrennbar in die umfassenden biologischen Kreisläufe eingebettet sind. Die Themen der Ganzheitlichen Ökologie sind ein Echo der uralten Erdenweisheiten der Naturvölker.« (S. 22)

Und sie sind auch in Übereinstimmung mit dem uralten Glauben an die Göttin in ihren vielfältigen Erscheinungsformen, die sich in einer Vielzahl von Namen und Aspekten ausdrückt. Wenn wir uns mit der Natur identifizieren, wenn wir uns hineinfühlen und eins machen mit einem Berg, mit einem Baum, mit einem Tier, das vielleicht zu unserem »Nutzen« in einem engen Käfig gehalten wird, dann wird sich unser ganzes Denken radikal ändern. Diese radikale Art, anders zu denken, wird eine Verhaltensänderung zur Folge haben und nur dann haben wir eine Chance, das Leben auf der Erde zu retten. Wenn wir uns die Zeit nehmen zu spüren, was kann mir dieser Stein sagen, der scheinbar bedeutungslos am Wegrand liegt, was kann ich von dieser Eiche lernen, die einsam an einer Weggabelung inmitten eines Feldes steht, oder was kann ich von einer Tanne lernen, die in einer engen Gemeinschaft inmitten eines Waldes geborgen ist, wenn ich mir die Mühe mache, in diese Mitbewohner der Erde hineinzuhorchen, dann wird sich mein Leben von Grund auf, von der Wurzel her, verändern und zwar zum Positiven. Dann muss ich vielleicht gar nicht meine innere Leere mit Shopping ausfüllen, dann durchschaue ich die Seifenblasen der Werbeversprechungen, die mir ein Lebensgefühl, ein Image vermitteln wollen, wenn ich ihre Labels in Kleidungsform auf meiner Haut trage.

Was kann ich vom Fließen des Wassers lernen, wenn es beruhigend kontinuierlich in einem geschwungenen, naturbelassenen Bachbett an mir vorbeirauscht? Muss ich überhaupt zum Mond oder zu anderen Planeten fliegen, wenn ich mich barfuss auf die Erde stelle, um die Energie der Erde in meinen Körper aufsteigen und dann wieder zurückfließen zu lassen? Macht es wirklich Sinn, die Erde zu verlassen und in andere Welten aufzubrechen, wenn wir unsere eigene irdische Welt so wenig in Ordnung haben? Zerstören wir mit unserer falschen Haltung nicht dann noch einen größeren universalen Radius? Was kann ich erleben, wenn ich mich mit der Luft, die mich umgibt, eins mache und wie eine Wolke oder wie der Wind über das Land ziehe? Was kann ich erfahren, wenn ich in die Flammen eines Feuers blicke und mich mit einem Rauchritual reinige? Wie fühle ich mich, wenn ich in die Augen des Kälbchens blicke, das von Anfang an von seiner Mutter getrennt wurde und, in eine enge Box gesperrt, des hellen Kalbfleischs wegen möglichst hämoglobinarm, nicht artgerecht ernährt wird, nur damit ich billig im Sonderangebot ein paar Kalbfleischschnitzel mehr kaufen kann? Wenn ich mich mit diesen Lebewesen identifizieren kann, so entsteht Mitgefühl, Altruismus, Solidarität und Liebe. Viel von diesem Geist der Natur gegenüber hat Marlo Morgan in ihrem Roman »Traumfänger« eingefangen, in dem sie ein Walkabout, eine Wanderung quer durch Australien mit einem Stamm der Aborigines, dem Stamm der »Wahren Menschen«, beschreibt:

»An jenem Tag erlebte ich zum ersten Mal, welch wunderbares Verhältnis die Aborigines zur Natur haben … Dieses Volk ist der Überzeugung, dass es für die Existenz aller Dinge einen Grund gibt … Das Königreich der Pflanzen hat den Daseinszweck, Menschen und Tieren Nahrung zu spenden und den Boden zusammenzuhalten. Es hat sich der Schönheit und dem Gleichgewicht in der Atmosphäre verpflichtet. Sie erklärten mir, dass die Pflanzen und Bäume uns Menschen ein stilles Lied singen, und sie bitten uns lediglich, dass auch wir für sie singen … Es ist nicht der erste Daseinszweck des Tieres, dem Menschen Nahrung zu spenden, aber wenn erforderlich, so fügt es sich in diese Notwendigkeit. Auch das Tier soll für das Gleichgewicht in der Atmosphäre sorgen und uns Gefährte und – durch sein Vorbild – Lehrer sein.« (S. 78)

Die Autorin beschreibt weiter den Umgang mit Pflanzen: »Während der nächsten Tage aßen wir verschiedene Knollengewächse und Gemüse, die unter der Erde wuchsen, ähnlich unseren Kartoffeln oder Yamswurzeln. Sie mussten eine Pflanze nicht erst aus dem Boden ziehen, um zu erkennen, ob sie reif war. Sie ließen einfach ihre Hände über der Pflanze kreisen und sagten: ›Diese hier wächst noch, sie ist noch nicht fertig‹ oder ›Ja, diese hier ist soweit, dass sie gebären kann‹ … Schließlich lehrten sie mich die Pflanzen zu fragen, ob sie soweit waren, ihren Daseinszweck zu erfüllen.« (S. 83)

Wenn ich anfange, mit Pflanzen, Tieren, Bäumen und Steinen zu reden, wenn ich anfange, für sie zu singen, wenn ich sie in meine heiligen Rituale mit einbeziehe, wenn ich lerne, die Signale wahrzunehmen, die mir diese Erdmitbewohner senden, dann reduziert sich mein Engagement für die Umwelt nicht auf ein verstandesmäßiges Pflichtgefühl, sondern es wird zu einem inneren Bedürfnis. Ich erkenne, dass ich mir selbst etwas Gutes tue, wenn ich dieses Mitgefühl in verändertes Handeln umsetze. Dann ist Umweltbewusstsein keine moralische Pflicht, um das jetzige ökonomische Verhalten weiter fortsetzen zu können, sondern ich erkenne, dass mein Lebensglück an das Glück der anderen irdischen Mitbewohner gekoppelt ist. Wenn ich für sie Sorge trage, dann tue ich mir selbst den größten Gefallen, denn ich erfahre die essentielle Einheit allen Lebens. Dann wandelt sich Gewalt in spirituelle Solidarität. Gandhi, ein Meister des gewaltlosen Widerstands, meint dazu:

»Der wahre Kern der Technik, die Kraft der Gewaltlosigkeit zu erreichen, ist der Glaube an die essentielle Einheit allen Lebens« (zit. in Arne Naess: Selbst-Verwirklichung: Ein ökologischer Zugang zum Sein in der Welt, S. 38).

Mit diesem Altruismus schütze ich also nicht nur die Umwelt, sondern der Altruismus verändert auch meinen Aggressionstrieb, einen weiteren Problemaspekt des Patriarchats. Kriege entstehen immer nur aus der Sicht des Dualismus. Wenn ich den anderen, sei es den anderen Menschen, das andere Volk, das Tier, die Pflanze, den Mann, die Frau, die Natur, als von mir getrennt erlebe, dann projiziere ich meine Aggression auf das andere, das Fremde. Dann will ich dem anderen schaden, dann muss ich mit ihm konkurrieren, muss ihn besiegen und möglichst vernichten. Wenn ich aber das andere als Teil von mir erkenne, dann verstehe ich auch, dass ich mir selbst schade, wenn ich dem anderen schade. Wenn ich also der Natur schade, schade ich mir selbst und wenn ich dies fortgesetzt und in einem solchen Maß wie heute üblich tue, wird dieser Schaden irgendwann irreparabel sein und das Leben auf der Erde zum Erliegen bringen. Wenn ich aber realisiere, dass den materialisierten Dingen auf dieser Erde ein Daseinsrecht zukommt, ja, wenn ich ihnen darüber hinaus das Recht zubillige zu blühen, wie Gandhi es ebenfalls einmal ausgedrückt hat, so werde ich selbst blühen. Und meine Kinder, meine Leibesfrüchte, können auch blühen, haben die Möglichkeit, sich in ihren ganz ureigenen Talenten zu entfalten.

Wenn ich genauer hinschaue, merke ich auch, dass mich der übermäßige Konsum dieser Gesellschaft gar nicht so glücklich macht, wie die Werbung mir vorgaukelt. Ist es wirklich eine wertvolle Identität, die sich bildet, wenn ich zu dem »erlauchten« Kreis gehöre, der Calvin Klein oder Diesel-Kleidung trägt? Ist es nicht eher ein Zeichen für den erbärmlichen Zustand unserer Beziehungen, für mangelnde Geborgenheit und Lebensorientierung, wenn mein vermeintliches Glück von den Marken dieser Welt abhängt, statt von einem anerkannten Platz in einer Solidargemeinschaft? Andrew McLaughlin schreibt in seinen weiteren Ausführungen über einen radikalen Ökozentrismus:

»Die Botschaft ist nicht, was müssen wir aufgeben?, sondern was wollen wir? ... Das Ziel ist eine gute Lebensqualität, die nicht identisch ist mit materiellem Konsum. Die Dominanz der ökonomischen Art über Glück zu denken und zu reden, vermittelt die Illusion, dass Konsum und Glück das Gleiche sind.« (S. 263, Übersetzung K. Armbruster)

Demnach müssten die Menschen des reichen Nordens die glücklichsten Menschen der Welt sein. Das Gegenteil ist aber der Fall. Die Lebensweise des »weißen Menschen« macht die Menschen nicht glücklicher oder zufriedener, die hektische und stressige Art ihrer Lebensführung macht die Menschen kaputt, sie zerstört soziale Beziehungen und die Gier und der Run nach immer mehr hält viele wie in einem Hamsterrad. Da wir in unserer eigenen Kultur keine Ruhe mehr finden, boomen östliche Entspannungstechniken wie Yoga, Tai Chi, Qigong und Ayurveda. Dabei könnten wir es viel einfacher haben, wenn wir uns auf unsere unmittelbare Umwelt einlassen würden. Was könnte uns ein unscheinbarer Stein erzählen vom Leben auf der Erde, von der langen Zeit, die er vielleicht schon unberührt am selben Ort liegt, von den Winden und Stürmen, von der heißen Sonne und dem kalten Schnee, von den ersten wärmenden Sonnenstrahlen am Morgen oder den Strahlen des Nachts von der Vollmondin? Was könnte er uns vermitteln, wenn wir mal wieder wie ein Wirbelwind durch den Tag gejagt sind? Was könnte der plätschernde Bach erzählen, wenn er mitten in seinem Fluss auf einen Felsen stößt und dieses Hindernis einfach weich umfließt, während wir hingegen uns oft den Kopf blutig schlagen, weil wir mit ihm durch die Wand wollen und nicht bereit sind, einen Umweg zu machen.

Wenn wir unsere Lebensqualität merklich verbessern wollen, wenn wir wieder ein Gutes Leben auf dieser Erde haben wollen, sollten wir wieder anfangen, in den Kreisläufen der Natur zu denken. Am Anfang war der Kreis – der Kreis, der sich in den verschiedensten Kreisläufen, die uns umgeben, wiederfindet. In Kreisläufen der Jahreszeiten oder in denen des Übergangs zwischen Leben und Tod, in Kreisläufen bei der landwirtschaftlichen Nahrungsgewinnung, der Photosynthese oder in Kreisläufen des organischen Auf- und Abbaus, angefangen vom Zitronensäurezyklus bis zum anaeroben Abbau der Methanbakterien. Dieses Wissen um die irdischen Kreisläufe spiegelt sich in den spirituellen Kreisläufen der uralten Religion der Göttin und der Religionen aller indigenen Völker wieder. Auch das zweite wichtige Geheimnis irdischen Lebens, die riesige Vielfalt in der Natur, die Diversifikation, die genetische Einzigartigkeit jeder materiellen Manifestation, findet sich in den alten Religionen mit ihren zahlreichen Göttinnen und Göttern wieder. Monokultur missachtet dieses Geheimnis Guten Lebens. Und das spirituelle Spiegelbild der Monokultur, der Monotheismus, der bis auf den heutigen Tag als großer Fortschritt gepriesen wird, tut dies ebenfalls. So ist es kein Wunder, dass beide mit Tod assoziiert sind. Monokultur mit dem Aussterben vieler Pflanzen und anderer Arten durch den Einsatz von Pestiziden, Herbiziden, Insektiziden, mit der Zerstörung der Lebensräume, der Ausrottung durch exzessive Bejagung und mit vielem mehr. Beim Monotheismus erinnern wir den Tod durch das Ausrotten des Polytheismus und der Millionen Menschen, die dieser Ausrottung zum Opfer fielen, Menschen deren Leben und deren Wissen wertvoll und deren kulturelle Andersartigkeit eine große Bereicherung waren.

Während in anderen Teilen der Welt das Wissen um die Kreisläufe in der Natur in den Menschen noch viel stärker verankert ist und das indigene Wissen viel offensichtlicher zu Tage tritt, scheint im alten Europa dieses Wissen auf den ersten Blick vernichtet worden zu sein. Die christlichen Kirchen haben ganze Arbeit geleistet und gerade auch im Mittelalter versucht, möglichst alle Spuren der indigenen europäischen, reichhaltigen, heidnischen Kultur auszulöschen, da sie kein Wissen neben ihren eigenen Schriften gelten ließen. Die Verwüstungen betrafen die Kunst, die Wissenschaften, die Literatur, die Philosophie, die Technik, die Baukunst, die Medizin und insbesondere das Heilwissen, das Geburts- und Verhütungswissen der Weisen Alten Frauen. Bücher, Tempel und Kunstwerke wurden zerstört, weil sie unchristliche Ideen und Vorstellungen zum Ausdruck brachten. Priesterinnen wurden besonders massiv verfolgt, da sie weiblichen Geschlechts waren und Anspruch auf spirituelle Autorität erhoben. Die »alma mater«, die lehrende Priesterin, verschwand spätestens mit der Inquisition und den Hexenverbrennungen völlig aus dem Bewusstsein der Europäer. Denn Unwissenheit war der Verbreitung des christlichen Glaubens dienlich und so fiel Europa in ein dunkles Zeitalter, von dem es sich bis heute, seiner wahren kulturellen Wurzeln beraubt, nicht erholt hat.

Trotz der christlichen Barbarei haben sich aber überall Spuren dieses alten naturverbundenen Wissens erhalten. So sollte uns bewusst sein, dass die beiden wichtigsten Feste der christlichen Kultur eigentlich alte heidnische Jahreskreisfeste sind: Weihnachten, das alte Julfest zur Wintersonnenwende mit dem Brauch des lichtergeschmückten Tannenbaums in der dunklen Jahreszeit, und Ostern, das Frühlingsfest der Göttin Ostera mit seinen Fruchtbarkeitsbräuchen mit Hasen, Eiern und Küken. Die christliche Mythologie von der Geburt bzw. dem Tod von Jesus sind der ursprünglichen heidnischen Tradition nur aufgepfropft. Der überall gefeierte 1. Mai, mit dem Aufstellen des Maibaums, ist ebenfalls ein Fest der Fruchtbarkeit, der Baumstamm feiert als Phallussymbol Hochzeit mit Mutter Erde. Halloween ist keineswegs ein amerikanischer Brauch, sondern das alte europäische Samhainfest.

Samhain war den Geistern der Ahnen gewidmet und das Fest galt als einer der wichtigsten Zeitrisse zwischen den Welten der Toten und der Lebenden.

Ursprünglich gab es acht große Feste im Laufe eines Jahres. Das waren die Tagundnachtgleichen, die Sonnenwenden und die vier Quartalstage. Die Frühlingstagundnachtgleiche fällt auf den 21. März, die Herbsttagundnachtgleiche auf den 21. September. Sommersonnenwende wird am 21. Juni gefeiert und die Wintersonnenwende fällt auf den 21. Dezember. Die Quartalsabende waren Imbolc, heute Lichtmeß, am Abend vor dem 1. Februar, Beltane, die heutige Walpurgisnacht, am Abend vor dem 1. Mai, Lugnasad oder Lammas am Abend vor dem 1. August und schließlich Samhain, das heutige Halloween, am Vorabend vor Allerheiligen. Auch wenn wir eine christliche Kirche besuchen, sollte uns bewusst sein, dass viele Kirchen auf alten bekannten heidnischen Kraftorten stehen. Und wenn wir uns mal wieder von der faszinierenden Atmosphäre einer Quelle oder einer Höhle einfangen lassen, so sollten wir uns daran erinnern, dass Quellen und Höhlen immer schon ein heiliges Symbol der uralten Göttin waren, mit der auch wir uns wieder verbinden können (siehe auch Barbara Walker: »Die geheimen Symbole der Frauen« und »Die spirituellen Rituale der Frauen«).

Wenn wir die Natur beobachten, ergeben sich auch andere Möglichkeiten der pflanzlichen und tierischen Nahrungsgewinnung als die unsrigen. Pflanzen und Tiere gelten dann nicht mehr wie in der heutigen Agrarindustrie als mechanische Produkte, die vermarktet werden müssen, sondern als Lebewesen, die uns ihr eigenes Leben zur Verfügung stellen, damit wir weiterleben können. Wenn ich dieses Lebensopfer erkenne, dann entsteht ein Gefühl der Dankbarkeit, vielleicht sogar ein Gefühl der Heiligkeit – nicht vereinbar mit der Massenproduktion in der konventionellen Landwirtschaft und nicht vereinbar mit den Schlagzeilen über Futtermittel- und Fleischskandale, wie sie foodwatch, eine Verbraucheraufklärungsorganisation, immer wieder bemängelt hat und im Futtermittelbereich folgendermaßen beschreibt:

»Ob BSE, Nitrofen oder Dioxin, die großen Lebensmittelskandale hatten ihren Ursprung in Futtermitteln. Futtermittel sind der Treibstoff für die Hochleistungsproduktion in der Agrarindustrie. 104 Millionen Geflügeltiere, 26 Millionen Schweine, 13 Millionen Rinder werden jedes Jahr mit 68 Millionen Tonnen Futtermitteln gefüttert und zwar mit möglichst billigem Futter, um die Produktionskosten niedrig zu halten. Mehr als eine Million Tonnen Tiermehl fallen in Deutschland jedes Jahr an. Doch diese landen nicht nur in den Öfen von Zementwerken und Kraftwerken. Allein 170 000 t Tiermehle wurden im vergangenen Jahr an Landwirte abgegeben ... Seit Anfang 2001 ist in ganz Europa die Verfütterung von Tiermehlen verboten, denn unzureichend erhitztes Tiermehl gilt als Ursache für die Verbreitung der Rinderseuche BSE« (www.foodwatch.de).

Mal abgesehen davon, dass die Ausmaße der Massentierhaltung und -fütterung schon astronomische Zahlen aufweisen, so spricht die Verfütterung von Tiermehl an Wiederkäuer mit ihrem phantastischen, eigentlich auf Rohfaser ausgelegten Verdauungssystem schon für eine skandalöse Missachtung natürlicher Bedingungen, die einen reinen Pflanzenfresser zum Kannibalen werden lassen. Kein Wunder, dass bei einer solchen Negierung natürlicher Bedingungen etwas Monströses entsteht. Aber die eigentliche Zukunft liegt ja mit der Gentechnologie noch vor uns. Ihr Einsatz eröffnet ungeahnte Möglichkeiten der Manipulation, die Patentierung von Genomen, riesige Erschließungsmöglichkeiten von Märkten und die Bindung der Fruchtbarkeit an Mutter Erde oder an den Körper der Frau, die bisher gesetzten biologischen Grenzen, können in Wissenschaftlerträumen schon bald überwunden werden. So könnte Lebensmittelherstellung in Zukunft auf der Basis von Gewebekulturen vollkommen im Labor erfolgen und würde die Verbindung zu Mutter Erde überflüssig machen. Die Frage ist bloß: Wollen wir das?

Tatsächlich »kommt nirgendwo die Beziehung, die wir zur Natur haben, so deutlich zum Ausdruck wie in der Landwirtschaft. Hier entscheidet sich, ob wir die Böden mit Chemikalien vergiften, mit genverändertem Saatgut überlisten, zu monokulturellen Produkten zwingen und uns wie in einem gigantischen Warenhaus kostenlos bedienen. Oder ob wir alternativ die Qualität der Böden schützen, das enge Netz der biologischen Vielfalt geschickt nutzen, andere Lebensformen respektieren und unsere Bedürfnisse nach Nahrung so decken, dass das lebenserhaltende System auch für kommende Generationen bestehen bleibt«, schreibt Geseko von Lüpke in seinem Buch: »Die Alternative, Wege und Weltbild des Alternativen Nobelpreises« in dem Kapitel »Von der Landwirtschaft zur Agrarkultur«, S. 273.

Und weiter unten führt der Autor die Probleme der industriellen Landwirtschaft detailliert auf: »Die industrielle Landwirtschaft mit ihrem massiven Einsatz von chemischen Düngemitteln, Monokulturen, Massentierhaltung, manipuliertem Saatgut gilt als Hauptursache für:

- die Verschmutzung der Böden und des Wassers
- die wachsende Bodenerosion und die Ausweitung der Wüsten
- die Zerstörung biologischer Vielfalt
- die Rodung der Regenwälder
- die Erwärmung des Klimas
- die Gefährdung menschlicher Gesundheit durch belastete Nahrungsmittel
- das »Bauernsterben«, die wachsende Verelendung und ländliche Arbeitslosigkeit
- die wachsende Abhängigkeit der Dritten von der Ersten Welt
- das Problem des Welthungers
- die Zerstörung lokaler Gemeinschaften und indigener Kulturen
- Landflucht, Verstädterung und Wachstum der Slums und Elendsgebiete

– die resultierende Unregierbarkeit, den Abbau der Menschenrechte und die Zunahme sozialer Konflikte.« (S. 273)

Wenn wir hingegen wieder anfangen in natürlichen Kreisläufen zu denken, dann entstehen andere Formen des sozialen Zusammenhalts und der Landwirtschaft (wie der ökologische Landbau, der biologisch-dynamische Landbau oder die Permakultur, Bewirtschaftungsformen, die in die bestehenden Ökokreisläufe integriert sind) und auch andere Formen der Direktvermarktung, wie das Programm der Gemüsekisten-AbonnentInnen in vielen Städten zeigt.

Gerade auch die Permakultur eignet sich als Modell eines natürlichen Kreislaufs, da sie nicht nur die landwirtschaftliche Produktion einbezieht, sondern auch in Hausgärten oder in Bereichen der Landschaftsgestaltung vermehrt Anwendung finden könnte. Der Begriff Permakultur wurde 1970 von den beiden Australiern Bill Mollison und David Holmgren geprägt, kommt von »permanent agriculture« und bedeutet soviel wie »nachhaltige oder dauerhafte Landwirtschaft«. 1981 wurde Bill Mollison hierfür der Alternative Nobelpreis verliehen. Permakultur orientiert sich an der Beobachtung der Natur und versucht, die Entwicklungen und Abläufe in der Natur als ganzheitliches System zu verstehen. Die Nachahmung der Natur führt zur Schaffung dauerhafter, sich selbsterhaltender ökologischer Kreisläufe. In einem Fischteich z. B. wird nicht nur eine, sondern mehrere Fischarten aufgezogen. In dem Teich gibt es Zonen mit unterschiedlicher Tiefe und unterschiedlicher Bepflanzung. Die Raubfische werden nicht gefüttert, sondern ernähren sich von anderen Fischen. Diese finden aber für sich genug günstige Nischen, sodass sie nicht aussterben. Das System reguliert sich als Ganzes weitgehend selbst. Der Mensch fischt überflüssige Fische ab und kommt so zu seinem Nahrungsangebot. Permakultur versucht nicht, gegen die Natur zu arbeiten und Störungen auszuschalten, sondern durch Beobachtung zu lernen und Störungen als Teil der Lösung zu sehen.

Dabei kommen acht Prinzipien zur Anwendung (Geseko von Lüpke, S. 284):

- Alle Elemente eines Systems stehen miteinander in Wechselwirkung, wobei die Bedürfnisse eines Elements oft aus dem Überschuss eines anderen erfüllt werden.
- Jedes Element eines Systems hat mehrere Funktionen. So legen Hühner Eier, lockern den Boden, fressen Insekten, produzieren Dünger, fressen Küchenabfälle.
- Jede lebenswichtige Funktion eines Systems wird von mehreren Elementen erfüllt. Wenn ein Element ausfällt, sind andere da, welche die Funktion erfüllen.
- Oberster Maßstab ist eine effiziente Nutzung von Energie und natürlichen Ressourcen. Dazu gehört, alle Elemente so zu platzieren, dass Energie gespart wird und natürliche Ressourcen sich optimal reproduzieren.
- Die Gewinnung natürlicher Energie und ihre Speicherung und mehrfache Nutzung hat Priorität.
- Arbeit mit natürlichen Systemen muss sich an der Wachstumsfolge der Elemente orientieren – so können Schnecken Insekten vertilgen, Enten Schnecken fressen, Enten den Boden düngen …
- Kreative Nutzung von Randeffekten ist wünschenswert, z. B. des Waldrandes, in denen die Ressourcen von verschiedenen Systemen zur Verfügung stehen.
- Permakultur ist immer Polykultur und Vielfalt immer besser als Einfalt.

Der bekannteste Vertreter der Permakultur im deutschsprachigen Raum ist wohl Sepp Holzer mit seinem Krameterhof im Salzburger Land. Holzer experimentiert dort u.a. mit Terrassenanbau, Hügelbeeten, Mischkulturen, Obstlandschaften, Pilzzucht, Teichbau, Tierhaltung in Erdställen. Zwei Bücher hat er inzwischen über seine Erfahrungen geschrieben und viel von seinem Wissen konnte er mittlerweile auch in Auslandsprojekten weitergeben. Im

Vorwort zu seinem zweiten Buch »Permakultur, Praktische Anwendung für Garten, Obst und Landwirtschaft« – das erste Buch von ihm trägt bezeichnenderweise den Titel: »Der Agrarrebell« – schreibt Holzer Folgendes:

»Mit diesem Buch möchte ich bewirken, dass es wieder mehr Menschen als lohnend erachten, im Einklang mit der Natur zu leben, und die Natur zu verstehen versuchen, anstatt sie zu bekämpfen. Ich habe auf den Reisen im Rahmen meiner Auslandsprojekte viele schreckliche Bilder gesehen, die mich lange beschäftigt und mir einige Albträume bereitet haben. Sei es nun in Bosnien, Kolumbien, Brasilien, Thailand oder den USA: Überall ist zu sehen, wie verantwortungslos mit der Natur umgegangen wird … Zehntausende Hektar Buschland und Regenwald werden absichtlich, mit allem Leben darin, verbrannt, um Monokulturlandwirtschaft betreiben zu können. Einige wenige profitieren auf Kosten breiter Bevölkerungsschichten, die oft nicht wissen, wie sie sich mit Nahrungsmitteln versorgen sollen.« (S. 10)

Weiter unten schreibt Holzer zur Situation in Europa: »In Europa glauben viele, uns könne so etwas nicht passieren: Wir befinden uns aber bereits auf dem Weg dorthin! Landwirtschaftliche Kleinbetriebe werden größtenteils als Nebenerwerbsbetriebe geführt, weil die Bauern nicht mehr wissen, wie sie von ihrer Arbeit leben sollen. Es getraut sich kaum mehr jemand, eigene Wege zu gehen oder nach Alternativen in der Betriebsführung zu suchen. Stattdessen orientieren sich viele bei der Bewirtschaftung ihres Hofes an Förderprogrammen und bauen ihren Betrieb demgemäss um. Oder es wird auf Quantität statt auf Qualität gesetzt und versucht, durch die Menge der erzeugten Produkte die niedrigen Preise zu kompensieren. Konkret heißt das: Es wird Monokultur mit verstärktem Chemieeinsatz betrieben.« (S. 11)

Wenn wir wieder anfangen, in Kreisläufen zu denken, können wir dieser zunehmenden Monoisierung der Natur und ihrer systematischen Zerstörung etwas entgegensetzen. Wir müssen nicht warten, bis der letzte Baum gefällt, der letzte Fluss vergiftet und der letzte Fisch gefangen ist, bis wir merken, dass man Geld nicht essen kann. Wenn wir jedoch nicht anfangen, uns dieser Kreisläufe zu erinnern, so wird sich die Prophezeiung der Cree-Indianer wohl erfüllen, vielleicht schneller als uns allen lieb ist.

# Wie wollen wir leben?

Dieser Schnelltest kann zur Klärung der Fragen »Wo stehe ich?« und »Wo will ich hin?« dienen.

**Fragenkatalog**

1. Will Frau/Mann ein Gesellschaftssystem, das auf der Ideologie des Krieges und der Gewalt beruht und damit den Tod über das Leben stellt?

2. Will Frau/Mann ein Gesellschaftssystem, das Stärke mit Gewalt kombiniert und damit zur Errichtung und Aufrechterhaltung von hierarchischen Herrschaftsstrukturen führt, von denen nur ganz wenige profitieren und die für die meisten keine Vorteile bringen?

3. Will Frau/Mann ein Gesellschaftssystem, das unter Ausnutzung dieser Herrschaftsstrukturen auf Ausbeutung unserer Leibesfrüchte, d. h. auf Ausbeutung unserer Kinder beruht?

4. Will Frau/Mann ein Gesellschaftssystem, das durch die rücksichtslose Ausbeutung der Natur und ihrer Ressourcen funktioniert, die auch vor einer Zerstörung der Lebensgrundlagen auf diesem Planeten aus Profitgier nicht zurückschreckt?

5. Will Frau/Mann ein Gesellschaftssystem, das Monoisierung in Form von kapitalistischer oder Staatsmonopolbildung, von Monotheismus und Monokultur betreibt, statt Diversifikation im landwirtschaftlichen und kulturellen Bereich?

6. Will Frau/Mann ein Gesellschaftssystem, das Arbeit in formelle, entlohnte und informelle, nicht entlohnte Arbeit trennt und

damit männliche Lebensrealität als wertvoll und weibliche als wertlos diskriminiert?

7. Will Frau/Mann ein Gesellschaftssystem, das es für selbstverständlich hält, den Männern die zum Funktionieren einer Lebensgemeinschaft zumindest bis zu einem gewissen Grad lebensnotwendigen Arbeiten vom Leib zu halten, damit sie sich »höheren« und »wichtigeren« Dingen widmen können, während Frauen dazu kaum Zeit haben, da sie sich mit den »trivialen« Dingen des Lebens wie Putzen, Kochen, Waschen, Bügeln, Windeln wechseln etc. herumschlagen müssen?

8. Will Frau/Mann ein Gesellschaftssystem, das internationale Machtstrukturen zur besseren Ausbeutung von Menschen einsetzt, natürlichen Ressourcen auf transnationaler Ebene ausnutzt und damit Globalisierung zu einem Synonym von multinationaler Konzernherrschaft werden lässt?

9. Will Frau/Mann ein Gesellschaftssystem, das nationale Regierungen zu einem reinen Handlanger dieser multinationalen Konzernherrschaft hat werden lassen, die sich nun quasi in einem rechtsfreien globalen Raum befindet, der sich jeder demokratischen Kontrolle entzieht?

10. Will Frau/Mann ein Gesellschaftssystem, das unter Reformen nur einseitig diejenigen versteht, die den multinationalen Konzernen nutzen und dem transnationalen Kapital keine Grenzen setzen, dafür aber für eine zunehmende Zahl von Menschen weltweit eine beispiellose Zunahme an Unsicherheit, Arbeitslosigkeit, Armut, Hunger, Umweltzerstörung und Zerstörung der sozialen Strukturen bedeutet?

11. Will Frau/Mann ein Gesellschaftssystem, dessen offizielle Geschichtsschreibung erst mit der Antike, dem Beginn des

Patriarchats, beginnt und die Zeit davor als unwesentlich, unzivilisiert und primitiv abtut, obwohl ganz klare Beweise für hochentwickelte friedliche Matriarchate existieren?

12. Will Frau/Mann ein Gesellschaftssystem, das den Frauen ihre eigene Geschichte nimmt und nur männliche Lebensrealität für berichtenswert hält, als ob Frauen und ihre Leistungen nie existiert hätten?

13. Will Frau/Mann ein Gesellschaftssystem, das das Sakrale vom Profanen trennt und meist eins von beidem als wichtiger erklärt – mit allen negativen Folgen wie Überbewertung des Materiellen oder Vertröstung auf Jenseitsvorstellungen?

14. Will Frau/Mann ein Gesellschaftssystem, das nur solche Religionen kennt, die das Weibliche abwerten und das Männliche heroisieren, wie es alle großen Weltreligionen tun?

15. Will Frau/Mann ein Gesellschaftssystem, das Religionen staatstragend hofiert, die den Körper der Frau nicht als heilig, sondern als unrein diffamieren und damit sexueller Gewalt Tür und Tor öffnen, da es so viel leichter fällt, etwas »Unreinem« Gewalt anzutun als etwas »Heiligem«?

16. Will Frau/Mann ein Gesellschaftssystem, das es für normal hält, wenn Menschen stets in Angst und Schrecken leben: Angst zu verhungern oder zu verdursten, den Arbeitsplatz zu verlieren und keine neue Arbeit mehr zu finden, vergewaltigt oder Opfer von anders gearteter Kriminalität zu werden, Angst vor einer technologisch herbeigeführten Erderwärmung, Angst für die Jugendlichen, keine Perspektive in dieser Gesellschaft zu finden, oder die generelle Angst, Opfer eines terroristischen Selbstmordattentats zu werden oder eines ekelerregenden Lebensmittelskandals?

Sollten Ihnen dieses Fragen zu denken geben, so finden Sie vielleicht als Gegenentwurf zum Patriarchat ein matriviviales Gesellschaftskonzept interessant.

# Die Vision einer matrivivialen Gesellschaft

Als Gegenkultur zur bestehenden mortalen androzentrischen Zivilisation entwickelt sich in einem basisdemokratischen Prozess weltweit das Modell einer konvivialen Gesellschaft. Konvivial kommt von dem lateinischen Wörtern con und vivere und bedeutet so viel wie miteinander leben und leben lassen. Der Begriff kommt aus der Graswurzelbewegung und beschreibt eine andere Kunst zu leben und zu sterben, als die uns durch den Missbrauch der Globalisierung weltweit aufoktroyierte »Kunst des weißen Mannes«. In Mexiko begann sich 1997 eine Gruppe von Organisationen und Netzwerken zu treffen, um die derzeitige Situation und die Zukunftsaussichten zu diskutieren. Auf diese Weise entstanden die Opciones Convivales de Mexico, ein informeller Zusammenschluss von Personen, Organisationen und Netzwerken der Zivilgesellschaft. Hier wurde eine Agenda entwickelt, die einige grundlegende interessante Ideen beinhaltet. Gustavo Esteva hat in seinem Artikel »Unseren eigenen Weg gemeinsam mit den Graswurzelbewegungen finden« in dem Buch »Subsistenz und Widerstand« von Claudia von Werlhof, Veronika Bennholdt-Thomsen und Nicholas Faraclas einige Punkte dieser Agenda zusammengefasst. Demnach gründet unsere moderne Zivilgesellschaft auf der fixen Idee, dass Wirtschaftswachstum irgendwann durch den »trickle down-Effekt« Wohlstand, Gerechtigkeit, Frieden, Demokratie und Freiheit für alle bringen wird. Tatsächlich ist es aber so, dass Wirtschaftswachstum immer Wohlstand für einige wenige auf Kosten von vielen bringt, die dafür im Elend leben, und dass Wirtschaftswachstum sowohl die Umwelt als auch das Lebensumfeld der Menschen zerstört. Mit der Idee des Wirtschaftswachstums wird der globale Wettbewerb so richtig angeheizt, so dass man heute wie Viviane Forrester vom »Terror der

Ökonomie« oder vom »Terror des Geldes« sprechen kann, der das Leben zu einem wirtschaftlichen Spießrutenlauf macht und die Lebensqualität, die Idee vom »Guten Leben«, unmöglich werden lässt.

In einer konvivialen Gemeinschaft wird der Wettbewerb durch Kooperation ersetzt, Neid durch Solidarität, Individualismus durch Gemeinsamkeit und Konfrontation durch Harmonie. In dieser Gesellschaftsform sind wie in der Natur Vielfalt und Diversifikation Grundlage des Lebens. Das Leben selbst besteht aus kreativen Beziehungen zu anderen Menschen und zu der Umwelt und steht nicht unter dem Primat der Ökonomie oder der Technik. Die Ökonomie und die Technik dienen vielmehr diesen Beziehungen.

| **Wachstumsmodell** | **Konviviales Modell** |
|---|---|
| Wettbewerb | Kooperation |
| Neid | Solidarität |
| Individualismus | Gemeinsamkeit |
| Konfrontation | Harmonie |
| Monoisierung | Vielfalt, Diversifikation |
| Terror der Ökonomie und Technik | Kreativität |

Gustavo Esteva schreibt: »In der Agenda geht es auch um den Erhalt der natürlichen und gesellschaftlichen Wirklichkeiten, ohne die unser gemeinschaftlicher Überlebenskampf gar nicht möglich wäre. Wir wollen dazu beitragen, dass Länder, Wälder, Wasser, Erde und Luft überleben; dass Kulturen, soziale Strukturen und Bürgerinitiativen überleben; und dass die von außen und innen kommende Destruktivität beendet wird. Mexiko kann nur dann eine nachhaltige Gesellschaft sein, wenn die Umwelt, von der wir alle abhängen, auch bestehen bleibt. Bedingung dafür ist, dass die Beziehung der Menschen zu Grund und Boden wiederhergestellt wird und dass die gemeinsamen Wurzeln aller Völker und Kulturen dieser Erde verstanden werden, so dass sie mit allen Lebewesen dieses Kosmos, in den sie eingebunden sind, in Harmonie leben.« (S. 194)

Auch wenn sich die in der Agenda angeführten Punkte einer konvivialen Gesellschaft sehr positiv anhören, sollte frau nicht vergessen, dass gerade auch die mexikanischen Männer für ihr Machotum weltweit bekannt sind und daher mit großer Wahrscheinlichkeit die patriarchalischen Ursachen der jetzigen Gesellschaft zu wenig Berücksichtigung finden. Da es sich bei der Vision der konvivialen Gesellschaft um einen basisdemokratischen Prozess handelt, scheint es daher dringend geboten, hier die Weisheit der früheren, weltweiten, viel älteren matriarchalen Kulturen mehr zu berücksichtigen. Weil die Begriffe patriarchal und matriarchal aber immer zu heißen Diskussionen und automatisch zur Frontenbildung zwischen den Geschlechtern führen und der Begriff konvivial zu wenig den weiblichen, matriarchalen, spirituellen Lebensbereich berücksichtigt, halte ich es für nötig, einen neuen Begriff einzuführen für die Vision eines neuen nachhaltigeren Systems: das matriviviale Gesellschaftsmodell. Matri bedeutet hierbei, dass die Mutter die sakrale Mitte der Gesellschaft bildet, und vivial meint, dass die Gesellschaft dem Leben verpflichtet ist.

Bei der Etablierung einer solchen Gesellschaftsvision können wir auf die Maat, die altägyptische Weltordnung, die das richtige Gefüge der Welt meint, und auf die Sophia, die Weisheit, zurückgreifen. Die Göttin Maat war die Personifizierung aller Elemente der kosmischen Harmonie, wie sie ursprünglich von der Urschöpferin am Anfang aller Zeiten geschaffen wurde. Diese kosmische Harmonie hatte als Grundlage die Wahrheit, die Gerechtigkeit und die moralische Integrität – wobei unter moralisch nicht sexualfeindlich verstanden wurde, sondern dem Leben verpflichtet, und unter Gerechtigkeit nicht nur eine Gerechtigkeit, die auf den Menschen bezogen wurde, sondern eine kosmische Gerechtigkeit, die auch die Gerechtigkeit gegenüber der Erde und der Natur impliziert. Maats Zeichen war die Straußenfeder, gegen die alle Menschenherzen aufgewogen wurden. Eine Feder lässt immer an Leichtigkeit denken, d. h. der Weg der kosmischen Gesellschaft ist ein leichter, heiterer Weg, der dem Spieltrieb, den Träumen und der Lebensfreude Raum gibt, ganz im Gegensatz zu dem heute üblichen, patriarchalen, ökonomischen Spießrutenlauf, der dem Kampf des Lebens gewidmet ist.

Das Wiegen mit der Straußenfeder impliziert das Bild der Waage, als ein Symbol für Gleichgewicht. Genau an diesem Gleichgewicht mangelt es dem patriarchalen Lebensmodell. Unsere Welt ist im Ungleichgewicht und das Ungleichgewicht hat ein solches Ausmaß angenommen, dass das gesamte System bereits am Umkippen ist. UmweltschützerInnen können von den desaströsen Auswirkungen eines umkippenden Ökosystems ein Lied singen. Welche Katastrophen stehen uns erst bevor bei einem globalen Umkippen des gesamten Systems von Mutter Erde, ein Umkippen, das nicht nur den ökologischen Bereich erfasst, sondern mit der gleichen Wucht den sozialen Bereich, die Balance der erodierten sozialen Beziehungen. Ungleichgewicht herrscht nämlich in allen Lebensbereichen: zwischen weiblichem und männlichem Lebensentwurf, zwischen Arm und Reich, Ungleichgewicht Stadt und Land …

Das Wiegen mit der Waage schließt auch das Thema Gerechtigkeit ein. Ebenfalls ein Thema, bei dem das heutige Gesellschaftsmodell, trotz aller rechtsstaatlichen Beteuerungen, eklatante Defizite aufweist. Nicht zuletzt spielt im matrivivialen Gesellschaftsmodell die Wahrheit eine immens klärende und reinigende Rolle. Heute herrscht überall die Lüge. Die transnationalen Konzerne klären uns nicht über ihre wahren Ziele auf, die führenden Politiker der Nationalstaaten haben sich zu den Handlangern der transnationalen Konzerne degradieren lassen und vernebeln uns mit ihrer mantrahaften Wiederholung der gekoppelten Wachtums-Wohlstand-für-alle-Lüge. Und die geistlichen Führer dieser Welt in Form der fünf Weltreligionen unterstützen beide bei ihrem Rumpelstilzchentanz, der da heißt: Ach, wie gut, dass niemand durchblickt!

Die Grundelemente der Maat – Wahrheit, Gerechtigkeit und Gleichgewicht – bilden ein hervorragendes Fundament für eine matriviviale Gesellschaft. Die richtige Tragfähigkeit erhält dieses Fundament aber erst durch die Einbeziehung der Sophia, der Göttin der Weisheit. Weisheit ist viel mehr als das rein kognitive Wissen. Die Weisheit bezieht auch andere Wissensebenen, z. B. die der Intuition, mit ein und reduziert sich nicht nur auf den Verstand. Weisheit hinterfragt außerdem das Wissen. Sie setzt das Wissen in Beziehung zu einer höheren Instanz. Dies führt zur Wiedererweckung der Alma mater, der »nahrungsspendenden Mutter«. Mit Alma mater wurden später die Universitäten bezeichnet, die eigentlich Orte der Weisheit sein sollten, dann aber leider zum Ort der Wissenschaft und der Technik verkommen sind. Ganz konkret brauchen wir heute, um wieder ins Gleichgewicht zu kommen, die Weisheit der Mütter, die Weisheit der Alten Weisen Frauen, die die christliche Kirche in einem Anfall der Barbarei versucht haben auszurotten. Die patriarchalen Weisheitslehren der letzten fünftausend Jahre, seien es die zum Teil verfälschten Weisheitslehren der Weltreligionen, die Ideen des Humanismus, der Aufklärung, der Evolutionstheorie, des Atheismus, des Nihilismus oder des Marxismus, haben die Welt allesamt an den Rand des Ruins gebracht. Schluss damit! Fangen wir an, die Welt auf den Kopf zu stellen! Mit einer Bewusstseinsbildung der Mütter sollten wir anfangen, denn in den Müttern entwickeln sich die Keimzellen neuen Lebens. Wenn sich ihr Bewusstsein verändert hat, so können sie dieses Wissen an ihre Kinder weitergeben. Das Mutterbewusstsein ist die sakrale Mitte einer kosmischen Gesellschaft, daher können wir die Welt nur dann radikal, d. h. von der Wurzel her, verändern, wenn sich das Bewusstsein der Mütter wieder wandelt. Dann können wir wieder Hoffnung für die Zukunft haben und hier liegt der Keim für weltweiten Wohlstand, für Prosperität. Wohlstand ist nicht gleichbedeutend mit Konsum, Wohlstand bedeutet vielmehr, dass es uns »wohl« ergeht, meint, Hoffnung zu haben auf ein »Gutes Leben«, auf hohe Lebensqualität.

Ein schönes Beispiel für dieses veränderte und doch so uralte und ursprüngliche Mutterbewusstsein, die die Gebärmacht und die damit parallel einhergehende Macht über die Fruchtbarkeit einschließt, ist eine Widerstandsbewegung von Müttern in Kenia, die für ihr Recht auf Subsistenzwirtschaft kämpfen. Sie bestehen auf ihrem Recht, Nahrung zur Eigenversorgung anzubauen, statt cash crops für den Export. Terisa E. Turner und Leigh S. Brownhill schreiben in ihrem Bericht »Frauen haben niemals kapituliert: Die Mau-Mau und die Globalisierung von unten« in dem Buch »Subsistenz und Widerstand« von Claudia von Werlhof u.a.:

»Die Merkmale einer menschengerechten Weltordnung bilden sich in einem langen Entwicklungsprozess an zahllosen Orten der Auseinandersetzung heraus. Einer dieser Orte ist das ländliche Kenia, wo Mut und Kreativität der Bäuerinnen für eine ›Wirtschaft des Lebens‹ stehen, die sie gegen eine ›Wirtschaft des Todes‹ verteidigen … Die Konfrontation zwischen dem Streben des Kapitals, eine ›neue Weltordnung‹ durchzusetzen, und dem Widerstand der Menschen dagegen kann begrifflich als ein ›Kampf um die Fruchtbarkeit‹ gefasst werden. Bei diesem Kampf geht es um die Herrschaft über die zur Fruchtbarkeit gehörenden Prozesse und über deren Früchte: die Fähigkeit zur Reproduktion und Erhaltung des Lebens in all seinen Formen.« (S. 138)

Die Autorinnen beschreiben dann einen Hungerstreik, der 1992 von den Müttern politischer Gefangener, bei dem die Frauen um die Freiheit und die Rechte ihrer Kinder – der Früchte ihrer eigenen Fruchtbarkeit – kämpften: »Am vierten Tag verprügelten Polizei und Sicherheitskräfte die Hungerstreikenden mit Schlagstöcken und trieben die SympathisantInnen mit Tränengas, Schlagstöcken und Schusswaffen auseinander.« (S. 148) Eine der Hungerstreikenden, die siebzigjährige Ruth Wangari WaThunga, zog sich daraufhin aus und ging nackt auf die Polizisten los. Als die jungen Leute sie nackt sahen, hörten alle auf zu kämpfen und liefen davon. Die Autorinnen erklären die Wirkungsweise von Ruth Wangaris Nacktheit folgendermaßen:

»Was Ruth Wangari hier einsetzte, war ein traditioneller Akt der Verachtung und des Widerstands, genannt guturama n'gania (Kikuyu), der ›Fluch der Nacktheit‹. Wenn Frauen, vor allem alte Frauen oder Gruppen von Frauen, ihre Genitalien vor Menschen entblößen, die sie beleidigt oder bedroht haben, dann vermitteln sie hiermit die Botschaft: ›Von hier ist dein Leben gekommen. Hiermit spreche ich dir dein Leben ab‹. Die auf diese Weise Verfluchten glauben, dass sie dadurch ihre Manneskraft verlieren werden. Sie glauben, dass ihr Land unfruchtbar wird und dass sie als Person aus der Gesellschaft ausgestoßen werden.« (S. 149)

Der Widerstand der Frauen führte dazu, dass 51 Gefangene freigelassen wurden. An dem Hungerstreik nahm auch Wangari Maathai teil, die 2005 für ihren Kampf internationale Anerkennung erfuhr durch die Verleihung des Friedensnobelpreises.

So wie dieses praktische Beispiel für Muttermacht sollen auch die nachfolgenden Ideen dazu einladen, über eine matriviviale Gesellschaftsform nachzudenken, das Formulierte weiterzuentwickeln, wie ein Netz, das in der Mitte beginnt und nun spiralförmig Faden für Faden weitergesponnen wird. Damit Ideen verwirklicht, d. h. materialisiert werden können, müssen sie erst einmal gedacht werden, dann müssen sie formuliert werden, um sich schließlich irgendwann manifestieren zu können. Da es sich bei der Bildung eines Netzes im Gegensatz zur Bildung einer hierarchischen Pyramide um einen basisdemokratischen Prozess handelt, sollen die Ideen nicht als starres Manifest verstanden werden. Die Wirkungsweise der Formulierungen zielt nicht allein auf den Logos, sondern soll magisch sein. Der Phantasie sollen keine Grenzen gesetzt werden und Träume und intuitive Inspirationen sollen bewusst einbezogen werden.

# Grundlagen einer matrivivialen Gesellschaft

Die Grundlage einer matrivivialen Gesellschaft ist der Kreis, da das Leben auf der Erde an Kreisläufe gebunden ist. Dieser Kreis ist eingebettet in ein mit der Spitze nach unten zeigendes Dreieck, das Vulvadreieck: Das bedeutet, der Kreis des Lebens wird geschützt durch dieses Dreieck. Die drei Ecken des Dreiecks ergeben die drei Säulen der Maat: Wahrheit, Gerechtigkeit und Harmonie. In der Mitte des Kreises befindet sich die heilige Silbe Ma als Symbol für die Mutter als sakrale Mitte einer matrivivialen Gesellschaft. Das Dreieck der Maat ist wiederum umgeben von einem weiteren Kreis, dem Kreis der Weisheit. Wie mit einem Spinnennetz sind diese Elemente miteinander verwoben. Der Faden des Spinnennetzes ist die Liebe, die alle Daseinsformen in Ehrfurcht miteinander verbindet. So entsteht das Symbol einer matrivivialen Gesellschaft, einer Gesellschaft, die dem Leben verpflichtet ist.

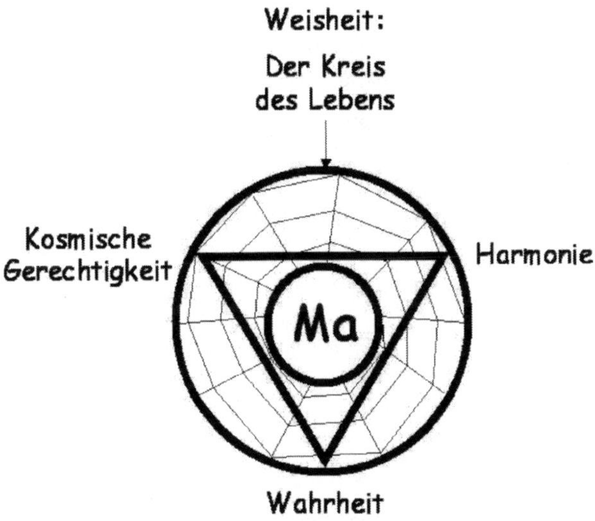

Verbinden wir dieses Symbol mit Federn, einem weiteren Erkennungsattribut der Maat, so erhalten wir interessanterweise als Ergebnis einen Traumfänger, wie ihn die Indianer schon lange gekannt haben. Und dies ist auch nicht verwunderlich, denn wenn wir die Weisheit, die Sophia, wieder erkennen wollen, brauchen wir Zeit zum Träumen. Träume, so hat sogar die Wissenschaft inzwischen bewiesen, sind der Motor des Menschen. In den Träumen werden gesellschaftliche Veränderungen induziert und in einer matrivivialen Gesellschaft sollten Frau und Mann Zeit zum Träumen haben.

Wahrheit spielt in einer matrivivialen Gesellschaft eine zentrale Rolle und die Wahrheit ist, dass die Schöpfung und das Göttliche ursprünglich weiblich sind und es sich daher bei der Schöpfung um einen Akt der Geburt handelt. Als logische Folgerung ergibt sich, dass die Erde und die Natur ebenfalls weiblich sind. Das Männliche kam später und war als liebevolle Ergänzung zum Weiblichen gedacht. Da es sich die weibliche Ma-cht anmaßte, pervertierte das Männliche zunehmend, aus Eros wurde Mortes. Nun ist die Zeit gekommen, Mortes wie einen verlorenen Sohn wieder einzufangen, ihm die Wahrheit anzuvertrauen, um mit ihm nach einem Prozess der Wandlung wieder die Heilige Hochzeit, die Hieros Gamos feiern zu können. Da wir aber in den letzten fünftausend Jahren die leichte Verführbarkeit von Eros kennen gelernt haben, müssen wir diesmal besser auf ihn aufpassen, damit er nicht wieder so viel Unfug anrichtet und letztendlich die Erde doch noch zerstört.

Jedes Lebewesen auf dieser Erde hat allein durch die Tatsache, dass es sich auf dieser Erde manifestiert hat, ein Daseinsrecht. Dieses Daseinsrecht schließt alle Tiere, Pflanzen, Steine und Mineralien ein, da sie in einem schöpferischen Vorgang auf dieser Erde entstanden sind. Jeder schöpferische Vorgang entspricht dem Wesen nach einer Geburt. Wenn jeder materiellen Manifestation auf dieser Erde ein Daseinsrecht zugestanden wird, so ergibt sich daraus eine Ehrfurcht gegenüber der Erde als globalem lebendigem Organismus und allen anderen Manifestationen gegenüber, die sich auf der Erde herausgebildet haben. Aus dieser Ehrfurcht entsteht die kosmische Gerechtigkeit und nur aus dieser kosmischen Gerechtigkeit heraus ergibt sich die Harmonie, als Gleichgewicht alles Seienden. Wenn eine Manifestationsform bereit ist, zugunsten einer anderen ihre eigene Manifestation aufzugeben, sprich ihr irdisches Leben zu lassen, so ergibt sich daraus eine tiefe Dankbarkeit gegenüber dieser Manifestationsform, die ihr Leben schenkt. Die Haltung der Dankbarkeit steht in diametralem Gegensatz zur heute üblichen Haltung: »Du hast ein Recht darauf, dir zu nehmen, was du willst«, »Du hast ein Recht darauf, Gewalt anzuwenden, solltest du nicht sofort bekommen, was du willst, »Du hast ein Recht darauf, dir zu nehmen, wie viel du willst« und »Es ist nie genug«.

Da wir die letzten fünftausend Jahre das schwarze, eiserne Zeitalter des Patriarchats im Gegensatz zum Goldenen Zeitalter des Matriarchats erfahren mussten, sind ein paar Umstrukturierungsmaßnahmen und Reformen nötig, um die Erde wieder ins

Gleichgewicht zu bringen und ihr Überleben zu gewährleisten. Die Reformen müssen die Bereiche Waffen, Geld, Arbeit, Umgang mit der Natur, Nahrungsmittelgewinnung, Ehe und Familie, Religion, Erziehung und Bildung erreichen.

Hierzu mache ich folgende Vorschläge:

*Die Waffen dieser Welt, insbesondere die Massenvernichtungswaffen, werden ab sofort unter die Macht von dreizehn Weisen Alten Frauen gestellt.*

*Männern, die von ihrem Lieblingsspielzeug in Form von Waffen nicht lassen wollen, werden unter die Obhut von Starken Müttern gestellt, die ihnen liebevoll aber bestimmt die Grundregeln des Lebens und des gegenseitigen Respekts beibringen. Um den, die letzten fünftausend Jahre ungebremsten Aggressionstrieb der männlichen Spezies wieder in richtige lebenserhaltende Bahnen zu lenken, werden spezielle Aggressionsrituale entwickelt, in denen Männer einerseits ihre überschüssige Kraft ausleben können, andererseits aber auch lernen, ihre destruktiven Triebe zu beherrschen. In diesem Bereich dürfen Männer daher auch ihre Kunst zu herrschen, nämlich, sich selbst zu beherrschen, voll ausleben. Da sich aufgrund der relativ langen Zeit von fünftausend Jahren patriarchaler Verirrung nicht alle von den neuen Regeln des Lebens überzeugen lassen werden, besteht die Möglichkeit, Männer, die die Gemeinschaft in Gefahr bringen, zu kastrieren. Dies gilt insbesondere für Männer, die Kinder sexuell misshandeln und diese eventuell sogar zur Vertuschung ihres Verbrechens ermorden. Die Kastration kann aufgrund der fortgeschrittenen Medizin so schonungsvoll und schmerzfrei wie möglich erfolgen. Jeglicher Rachegedanke gegen diese Männer ist dabei zu vermeiden, denn die Maßnahme dient nur zu ihrem eigenen Schutz und der von ihnen bedrohten Gemeinschaft.*

*Das Geld wird wieder an einen materiellen Wert gebunden und dient als reines Tauschmittel. Um die Gefahr der Akkumulation zu unterbinden, wird die Gepflogenheit der Zinserhebung aufgehoben. Vielmehr wird das Geld mit einer sogenannten Demurrage, einem Negativzins, belegt, damit es seiner eigentlichen Natur nach in Bewegung bleibt und unter den Menschen seiner ursprünglichen Bestimmung gemäß kreist. Die von David Ricardo proklamierte Wirtschaftsform der regionalen Spezialisierung unter Ausnutzung des komparativen Kostenvorteils wird als gescheitert betrachtet, da es zu einer ökologischen und sozialen Zerstörung der regionalen Netze geführt und zudem enorme Verschwendung im Bereich des Ressourcentransports bevorteilt hat, die sich die Erde als Kreislaufsystem nicht leisten kann. Der Begriff der Produktivität und das sich daraus ergebende Bruttosozialprodukt als wirtschaftlicher Maßstab einer Region oder eines Nationalstaats hat sich ebenfalls als untauglich erwiesen. Der Begriff der Produktivität wird daher durch den Begriff der Wertschöpfung ersetzt. Dadurch wird die heutige Trennung der Arbeit in einen formellen Sektor entlohnter Arbeit und einen informellen Sektor nicht entlohnter Arbeit aufgehoben. Da jedem Menschen ein Daseinsrecht auf dieser Erde zugestanden wird und Geld sich als reines Tauschmittel bewährt hat, wird jedem Menschen ein Grundgehalt zur Deckung der Grundbedürfnisse wie Wohnraum, Nahrung und Kleidung eingeräumt. Die Wertschöpfungsarbeit der Mütter erfährt in besonderem Maß eine monetäre Entlohnung. Dieses Geld können Mütter, die sich selbst um ihre Kinder kümmern wollen, eigenmächtig für ihre Familie verwenden oder sie können dies, wenn sie selbst lieber einer anderen Tätigkeit nachgehen, für die Bezahlung anderer Betreuungspersonen verwenden. Geld für die Daseinsgrundsicherung und die monetäre Bezahlung der Mütter kommen aus einem Internationalen Weltmütterfond, einem Reproduktionsfond, der das Geld gerecht verteilt. Hierzu werden internationale Steuern wie eine Devisenspekulationssteuer, eine Maschinensteuer, eine Wertschöpfungssteuer für die schnellsten und größten Unternehmen, eine Transportsteuer, eine Gewaltsteuer und eine Vermögenssteuer auf Privatbesitz eingeführt.*

*Das obere Management verzichtet aus ethischen Gründen auf 90 % seiner Bezüge und stellt dieses Kapital ebenfalls der Allgemeinheit zur Verfügung.*

*Da sich die Nationalstaaten die letzten Jahre durch ihre Politik der Liberalisierung und Deregulierungen praktisch selbst entmachtet haben, kommt ihnen keine große Bedeutung mehr zu. Wichtiger werden drei Gesellschaftsebenen:*

*– die Mutter als die sakrale Mitte einer Gemeinschaft,*

*– die Region als autarker Wirtschaftsstandort, eingebettet in ein Netz von heiligen, kosmischen Beziehungen zwischen Mensch, Tier, Pflanze, Bakterien, Viren, Pilzen, Erde, Stein, Luft, Wasser und Feuer, das von heilenden Ritualen begleitet wird,*

*– die globale Ebene mit globalen, heiligen, kosmischen Bewusstseinsnetzen, die internationale Sozialstandards, Umweltstandards und internationale Steuern als selbstverständlich erscheinen lassen.*

*Da sich die Ehe als besonders gesetzlich geschützte Grundlage einer Gesellschaft nicht bewährt hat, wird sie wieder abgeschafft und durch die Mutter-Kindbeziehung als besonders zu schützende Beziehung ersetzt. Die sexuelle Beziehung zwischen Mann und Frau, zwischen Frau und Frau oder Mann und Mann bedarf keines besonderen Schutzes, da sie frei ausgeübt werden kann und Sexualität als heilige Handlung zur gegenseitigen Erbauung betrachtet wird. Da das patriarchalische Paradigma des Wettbewerbs in einer matrivivialen Gesellschaft außer Kraft gesetzt ist und durch das Paradigma der liebenden Solidarität ersetzt wird, gibt es auch keinen Grund zu ausufernder Eifersucht, deren verheerende Folgen im Patriarchat immer wieder zu besichtigen waren. Ein sexuelles Besitz- und Anspruchsdenken wird in einer matrivivialen Gesellschaft abgelehnt.*

*Die Erziehung der Kinder steht unter der Macht der Mütter, allerdings wird die Erziehungsverantwortung auf eine wesentlich größere Zahl von Bezugspersonen ausgedehnt, da sich die Kernfamilie in Form von Mutter, Vater, Kind als völlig überfordertes Schmalspursystem erwiesen hat, das die Liebesbeziehung zwischen Mann und Frau durch monetäre Sorgen und einseitige Lastenverteilung – der Vater der Ernährer, die Mutter die Hausfrau und Versorgerin der Kinder – unnötig belastet hat. Die Beteiligung der Männer in der Erziehung ist unbedingt erforderlich und erwünscht. Als Mütter und Väter von Kindern werden aber nicht nur die leiblichen Eltern, sondern das gesamte soziale Umfeld gesehen, seien es andere leibliche Verwandte wie Oma, Opa, Schwester, Bruder, Tante, Onkel oder Freundin, Freund, Nachbar und Nachbarin. Die monetären Grundbedürfnisse der die Kinder versorgenden Personen und die der Kinder selbst werden durch den eingerichteten Weltmütterfond abgedeckt. Da die Mütter und die Bedürfnisse der Kinder in einer matrivivialen Gesellschaft im Mittelpunkt der Gesellschaft stehen, wird diesem Kern der Gesellschaft auch viel Zeit gewidmet. Männer, die in einem patriarchalen System kaum Zeit hatten, sich um Kinder zu kümmern, können sich jetzt viel problemloser dem Produktionsprozess entziehen, da die Wertschöpfungsarbeit, die sie in Form eines »Sich-Kümmerns« um Kinder oder auch um alte Menschen leisten, gesellschaftlich anerkannt ist.*

*Um die Ernährung der Weltbevölkerung sicherzustellen, wird Landwirtschaft wieder in ökologischen Kreisläufen betrieben, wie sie bereits im ökologischen und im biologisch-dynamischen Landbau oder in der Permakultur angewandt werden. Bei der Versorgung mit Nahrungsmitteln sind lokale Kreisläufe anzustreben, die zu regionaler Nahrungsmittelautarkie führen. Subsistenzwirtschaft ist die Grundlage einer regionalen Versorgung mit Lebensmitteln. Was darüber hinaus benötigt wird, oder was aus klimatischen Gründen nicht in der Region wächst, kann durch faire Handelsbeziehungen global bezogen werden. Durch die Rückbesinnung auf ökologische Kreisläufe und natürliche Symbiosen kann der Einsatz von Kunstdüngern und Spritzmitteln drastisch eingeschränkt werden. Durch transparente regionale Verbrauchskreisläufe, die auf persönlichen Beziehungen zwischen BäuerInnen als NahrungsmittelpflegerInnen und KäuferInnen als NahrungsmittelverbraucherInnen beruhen, können unwürdige Massentierhaltung, Futtermittel- und Lebensmittelskandale vollkommen aufgelöst und lange Transporte und die damit verbundene Vergeudung an Ressourcen stark eingeschränkt werden.*

*Menschen, die nicht mehr im Arbeitskreislauf integriert sind, bekommen auf eigenen Wunsch gemeinschaftlichen Grund zur Pacht zur Verfügung gestellt, wodurch sie ihre Subsistenz eigenmächtig sichern können. Sollten sie aus eigener Kraft nicht in der Lage sein, ihren Beitrag zur Existenzsicherung zu erfüllen, so hilft die Solidargemeinschaft der matrivivialen Gesellschaft. Da sich aber die existentiellen Bedingungen durch die Einbindung in regionale soziale Beziehungsgeflechte stark entspannt haben, werden wesentlich weniger Menschen krank oder fallen einer Sucht zum Opfer. Das bedeutet, dass der Grad der Volksgesundheit in einer matrivivialen Gesellschaft wesentlich höher liegt. Eine sich so verändernde Welt wird nicht mehr die Unsterblichkeit mit ihrem Jugendwahn zum Ziel haben – und den Kreislauf von Leben und Tod verstehen.*

*Die Tödin wird wieder als Bestandteil eines Erneuerungskreislaufs des Lebens betrachtet und der Prozess des Sterbens bildet kein Tabuthema mehr. Viele Menschen bestimmen daher eigenmächtig die Art und den Zeitpunkt ihres Todes selbst. Medizinische Hilfe, auch in Form einer toxikologischen Sterbebegleitung, steht Sterbenden und Sterben-Wollenden sachdienlich zur Verfügung.*

*Schulen und weitere Ausbildung werden nicht mehr unter dem Paradigma des Wettbewerbs geführt, vielmehr sollen in den Schulen und Universitäten Talente entdeckt und gefördert werden, die die Geförderten dann zugunsten der Gemeinschaft einbringen können. Noten sind in einem solchen System natürlich überflüssig, und da bei der Entwicklung der Talente nicht nur ökonomische Gesichtspunkte eine Rolle spielen, entsteht eine bunte Vielfalt, die für die gesamte Gesellschaft eine echte Bereicherung darstellt. Bei der Entdeckung von*

*Talenten ist ausdrücklich keine Beschränkung auf kognitive Fähigkeiten vorzunehmen. Spirituelle Begabungen, sportliche, musische oder künstlerische Begabungen sind dabei als gleichwertig zu sprachlichen oder mathematischen Fähigkeiten zu sehen. Von den PädagogInnen ist zu beachten, dass in jedem Menschen Talente und Stärken verborgen liegen, die sich lohnen, aufgespürt zu werden. Die Entdeckung der eigenen Stärken beinhaltet ausdrücklich nicht, sie gegenüber einem anderen als Dominanz- und Imponiergehabe auszuleben. Vielmehr ist darauf zu achten, dass individuelle Stärken dazu eingesetzt werden, diese für und nicht gegen die Gemeinschaft einzusetzen. Wem viel gegeben ist, der wird auch viel geben.*

*Wirtschaft, Technik und Industrie dürfen nicht um ihrer selbst willen existieren, sondern müssen den Lebewesen auf diesem Planeten dienen, so dass nicht wie heute üblich die Lebewesen der Wirtschaft und der Technik gehorchen. Neue Technologien müssen im Angesicht der sakralen Mitte der Gesellschaft, der Mütter, betrachtet werden unter dem Gesichtspunkt, ob sie dem Leben oder dem Tod dienen, wobei beide dem Kreislauf des Lebens, d. h. dem Naturgesetz dieses Planeten, untergeordnet sind. Zu unterscheiden ist zwischen dem Tod, der durch Gewalteinwirkung von außen erfolgt, und der Tödin, die in den natürlichen Prozess des Werdens und Vergehens eingegliedert ist. Um die ethische Integrität großer Konzerne zu gewährleisten, wird im Aufsichtsrat aller Konzerne als Oberaufsicht eine Weise Alte Frau mit Vetorecht eingesetzt, die auf die Grundgesetze der Maat vereidigt wurde und darauf achtet, dass technologische Erfindungen den Kriterien der Maat und der Sophia gerecht werden.*

*Da die bestehenden Weltreligionen ihre moralische Integrität zur Bewahrung einer kosmischen Harmonie auf Mutter Erde nicht erfüllt haben, sollten sie einer besonders kritischen Betrachtungsweise unterzogen werden. Der GöttInnendienst wird wieder den Müttern als PriesterInnen eines heimischen Herds übertragen und damit eine Trennung zwischen sakralem und heiligem Leben aufgehoben. Grund-*

*sätzlich darf jeder und jede die eigene Göttin oder den eigenen Gott verehren, insofern besteht absolute Religionsfreiheit. Die Religionen der Welt und ihre Bücher und Lehren müssen jedoch bezüglich der weiblichen Diskriminierung und bezüglich einer Verherrlichung von Krieg, Gewalt und Herrschaft überprüft werden. Passagen, die solche Teile enthalten, müssen unverzüglich entfernt werden. Darüber wacht ein Rat von 13, in einer Alma mater ausgebildeten Priesterinnen. Der Grundsatz lautet: Alles ist religiös erbauend, was die kosmische Harmonie von Mutter Erde nicht ins Ungleichgewicht bringt. Religiöse Gewalt, und sei es verbale Gewalt gegenüber Frauen und ihren Körpern, Gewalt oder Herrschaftsgelüste gegenüber den anderen Mitbewohnern dieser Erde oder Gewalt gegenüber anderen Glaubensformen, kann nicht geduldet werden.*

# Der erforderliche Bewusstseinswandel der Mütter

Da menschliches Leben aus den Frauen kommt, hat die Frau als Mutter eine elementar wichtige, bisher viel zu wenig beachtete Rolle hinsichtlich einer gesellschaftlichen Veränderung. Wenn sich das Bewusstsein, das Selbstbewusstsein der Mütter wandelt, dann kann sich die Welt verändern, dann kann es eine friedliche Revolution von unten geben. Vindana Shiva schreibt in dem Buch »Die Alternative – Wege und Weltbild des Alternativen Nobelpreises« von Geseko von Lüpke über den Begriff Revolution:

»Revolution bedeutete immer drastischen, dramatischen und oft gewalttätigen Wandel, während Evolution für langsame Veränderung in kleinen Schritten stand. Wenn es um die Geschwindigkeit des notwendigen Wandels geht, glaube ich nicht, dass wir uns einen evolutionären Prozess leisten können. Es muss sich um eine radikale Transformation handeln. In diesem Sinne muss sie revolutionär sein. Wenn die Zerstörungen so revolutionär, so radikal und schnell sind, muss jede Eindämmung der Zerstörung ebenso schnell sein, sonst greift sie nicht. Wenn es aber um die Frage der Gewaltlosigkeit und der politischen Methoden geht, dann müssen sie einerseits sehr dramatisch und dringend sein, aber zugleich in dem Sinne absolut friedlich und evolutionär, dass es zu keiner direkten Gewalt gegen irgendeinen anderen Menschen kommt.« (S. 425)

Dass wir einen gesellschaftlichen Wandel brauchen, steht außer Frage, dass wir ihn relativ schnell brauchen, ist angesichts der Geschwindigkeit der zerstörerischen Prozesse offensichtlich – und dass dieser Wandel friedlich verlaufen soll, ebenso. Wenn Mütter über ihre Müttermacht aufgeklärt werden, können am schnellsten revolutionäre und doch friedliche Gesellschaftsprozesse in Gang gesetzt werden. Die Zukunftsslogans der Welt sollten daher nicht heißen: »Diktatur des Proletariats« und »Proletarier aller Länder vereinigt euch«, sondern: »Mütter gegen Globalisierung – Mütter für Internationale Erdsolidarität« und »Mütter aller Völker vereinigt euch«

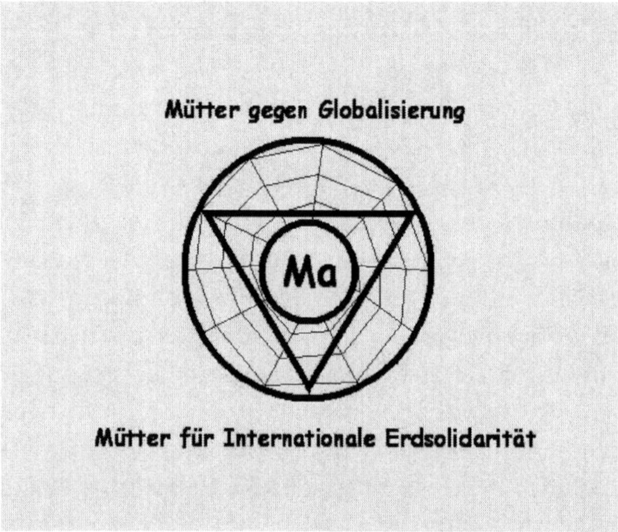

Die vier Machtbereiche der Müttermacht, die Gebärmacht, die Erziehungsmacht, die Arbeitsmacht und die Konsummacht, sind, verbunden mit der spirituellen Macht der Frauen, der Ma-gie, eine wirklich mächtige Macht.

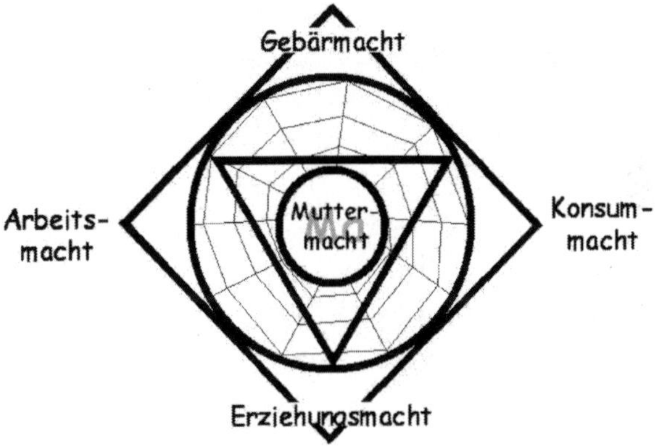


Der erste Schritt zur Veränderung des Mütterbewusstseins ist der, dass Frauen sich diese Bereiche als weibliche Machtbereiche wirklich bewusst machen. Der zweite Schritt bewirkt bei den Frauen das Erkennen, dass diese Macht erst mal durch und durch positiv ist. Erst wenn Macht hierarchisiert wird, wenn sie in Herrschaftsmacht verwandelt wird, erhält sie den destruktiven Charakter, den wir in den letzten fünftausend Jahren so zerstörerisch zu spüren bekommen haben. Mit dem dritten Schritt sollten sich Frauen bewusst machen, dass unser Geschichtsbewusstsein vernebelt wurde.

Es ist enorm wichtig, sich klar zu machen, dass das Gesellschaftssystem, das wir als real kennen, keineswegs das Einzige ist. Und es ist eine große Befreiung zu erkennen, dass es über eine lange Zeit der Geschichte eine müttermachtbewusste Zeit gegeben hat. In ihr lebte der Mensch mit seinem Lebensraum der Erde in Harmonie und Gleichgewicht. Während der letzten fünftausend Jahre des Patriarchats hingegen, in der diese Müttermacht in Vergessenheit geriet, brachte der Mensch diesen Lebensraum zunehmend aus dem Gleichgewicht. Wir steuern wie eine Rakete mit enormem Schub auf den Abgrund, auf den Tod dieses Lebensraums hin. Da das Leben aus den Frauen, den Müttern kommt, können diese dem Todestrieb am wirksamsten entgegensteuern, indem sie dem einseitigen Sog des Todes die Macht des Lebens entgegensetzen. Wenn es gelingt, in den Müttern dieser Welt den notwendigen Altruismus, das Mitleiden für diese Welt, als kosmische Einheit zu mobilisieren, so wird plötzlich ein riesiger Machtveränderungsbereich sichtbar, der bisher im informellen Bereich geschlummert hat.

Da die Mütter dieser Welt die Gebärmacht haben, das menschliche Leben innerhalb einer Generation zum Erliegen zu bringen, haben sie auch am schnellsten die Möglichkeit, die Welt zu verändern. Alle wichtigtuerischen produktiven Prozesse auf dieser Erde hängen von den reproduktiven Prozessen der Frauen ab. Nur wenn es uns gelingt, ein Gleichgewicht zwischen beiden Bereichen herzustellen, werden wir die zum Überleben des Planeten notwendige Harmonie und kosmische Gerechtigkeit der Maat erreichen.

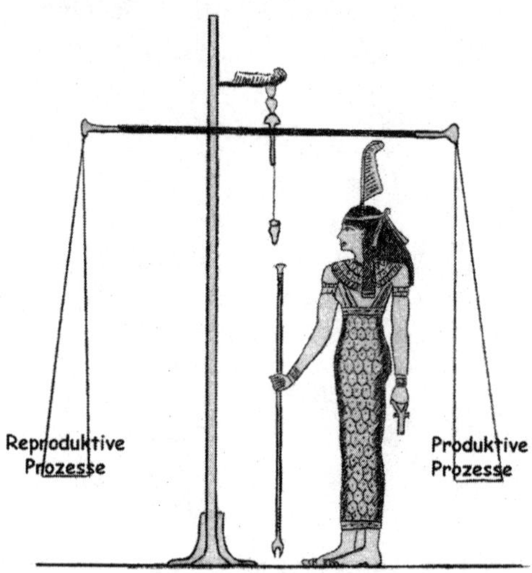


Basis für eine Gesellschaft im Gleichgewicht

Gebärmacht bedeutet Macht über den eigenen Körper, aber über den herrscht heute in weiten Teilen der Welt nicht die Frau, sondern der Mann. Der »benutzt« den Körper der Frau sozusagen als Vermehrungsvehikel, um seine patriarchalen Machtansprüche zu verfestigen. Und mit Mann ist sowohl der Einzelne als auch die männliche Macht im großen Stil z. B. in Form von religiöser Bevormundung, wie es alle großen Weltreligionen praktizieren, gemeint. Wenn Frauen sich hingegen wieder an die Göttin anbinden, wenn sie sich wieder mit Mutter Erde identifizieren, werden sie auch wieder mit ihrem eigenen Körper vertraut. Dann werden sie sich an ihr eigenes zyklisches Wissen erinnern, werden ihren Körper beobachten und auf natürliche Weise fruchtbare und unfruchtbare Tage erkennen, wie es z. B. anhand der Beobachtung des Scheidenschleims möglich ist. Wenn Frauen wieder weltweit die Gebärmacht zurückerobern, dann wird auch das exponentielle Bevölkerungswachstum ein Ende haben, dass die Ressourcen der Erde zunehmend überfordert, denn dieses Wachstum ist ähnlich wie das exponentielle Wirtschaftswachstum durch das patriarchalische System bedingt. Übermäßiges Bevölkerungswachstum in den Ländern des Südens haben wir nur, weil die Gebärmacht der Frauen von männlichen Machtlobbyisten beherrscht wird. Zu wenig Bevölkerungswachstum in den Ländern des Nordens ist entstanden, weil Mütter von eigenem monetären Gelderwerb abgeschnitten werden und andererseits der monetäre Druck auf Familien durch die neoliberalisierte Globalisierung so groß geworden ist, dass Fruchtbarkeitsprozesse keinen Raum mehr finden.

Wenn Frauen wieder mit der Göttin verbunden sind, können sie auch über ihre Erziehungsmacht tiefgreifende gesellschaftliche Veränderungen bewirken, denn Mütter sitzen sozusagen an der Quelle, an der die Werte einer Gesellschaft internalisiert werden. Dieser Bereich gilt aber in den Ländern des Nordens, wo sich der männliche kapitalistische Lebensentwurf auch für Frauen zunehmend durchgesetzt hat, als ohne Weiteres delegierbar. Delegiert werden im Patriarchat nur Dinge, die keinen besonders hohen Stellenwert haben. Wenn Frauen allerdings wieder mit der Göttin und mit der Fruchtbarkeit von Mutter Erde verbunden sind, werden sie den hohen Stellenwert der Erziehungsmacht erkennen, einer Macht, die die Chance bereithält, unsere Erde zu retten. Denn Mütter können durch die Erziehung der nächsten Generation den Wertebewusstseinswandel erwirken, der notwendig ist, um unsere Welt wieder in den natürlichen Kreislauf des Kosmos einzugliedern – der auch eine sich im Gleichgewicht befindende, nicht hierarchisierte Beziehung zwischen Frau und Mann vorgesehen hat. Auf diesem Gleichgewicht kann dann eine wirkliche Partnerschaft zwischen Mann und Frau stattfinden, in der jeder seine Stärken dem anderen Geschlechts kooperativ zur Verfügung stellt und die Schwächen durch den anderen ausgeglichen werden.

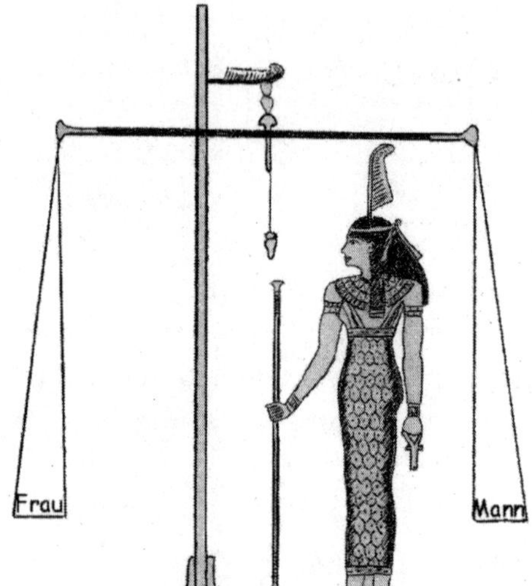


Basis für kooperative Partnerschaft

Mütter können ihre Erziehungsmacht anwenden, indem sie Kinder in die Kreisläufe des Lebens einweisen, was auch die reproduktiven und produktiven Kreisläufe mit einschließt. Sie können sie in die Verbundenheit mit allen irdischen Manifestationen führen, ihnen die Liebe und die Ehrfurcht vor den kosmischen Lebenszusammenhängen beibringen, sie über die Tücken des Konkurrenzsystems aufklären und ihnen die Vorteile von Solidarität vorleben. Sie können mit ihren Kindern heilende Rituale für Mutter Erde ausführen, die Talente und Stärken ihrer Kinder entdecken und ihnen bei ihren Schwächen helfen. Und sie können ihnen die Geschichte vom Guten Leben erzählen.

Stattdessen lassen sie sich, weil sie von der Göttin und der Erde getrennt sind, von unserem ausbeuterischen System noch dazu benutzen, ihre Kinder für den heute weltweiten »Terror der Ökonomie« abzurichten. Sie werfen ihre Leibesfrüchte in den mörderischen globalisierten Konkurrenzkampf, in dem nur der Stärkste ein Recht zum Überleben hat. Sie füttern ihre Kinder mit Fast Food und machen sie abhängig von Konsum und Markenlogos und wundern sich dann, wenn in der Pubertät, der Zeit erhöhter Wahrnehmung, entweder aus den jungen Menschen der Protest gegen dieses falsche Leben herausbricht oder der Schmerz über dieses falsche Leben mit Nikotin, Alkohol und anderen Suchtmitteln betäubt wird.

Wenn Mütter das patriarchale System durchschauen, können sie ihm ein matrivivialles System entgegensetzen und ihre Kinder, mit der Muttermilch sozusagen, mit dessen lebensbejahenden Werten füttern. Diese friedliche Revolution von unten, von klein auf, enthält die Chance einer tiefgreifenden Veränderung auf dieser Erde.

Mütter sind die Wächterinnen von Mutter Erde, denn ihnen wurde von der großen Schöpferin das Geheimnis des Lebens anvertraut. Wächterin kommt von aufwachen. Wenn wir schnelle, tiefgreifende und radikale, unsere Welt heilende Veränderungen wollen, müssen wir die Mütter aufwecken, damit sie ihres Wächterinnenamtes wieder walten können. Wir müssen sie aus dem Dornröschenschlaf der letzten fünftausend Jahre aufwecken, nur findet dieses Aufwecken nicht durch einen jungen Königssohn statt, sondern durch die dreizehnte Alte Weise Frau, die im Märchen von der Königstafel verbannt wurde, weil kein dreizehnter Teller mehr übrig war.

Diese vergessene Alte Weise Frau verbindet uns wieder mit dem Wissen des Matriarchats, denn die Dreizehn ist die Zahl der Mondin und damit die Zahl des vergessenen Goldenen Zeitalters. Diese Alte Weise Frau öffnet uns die Augen über den wahren Zustand dieser Welt, sie lehrt uns die Lügen des Patriarchats zu durchschauen, verbindet uns mit tiefer Erdspiritualität, erdet uns in unserer heiligen Mitte, schenkt uns Rituale der Heilung, öffnet unsere Ohren, sodass wir hinter dem jetzigen kosmischen Klagelied das Lied des Guten Lebens hören können, und sie verändert unsere Sprache, unsere Muttersprache, damit wir schließlich wieder in dieses Lied des Guten Lebens mit einstimmen können. Wenn wir als Frauen, als kommende, seiende und gewesene Mütter, diesen Transformationsprozess durchlaufen haben, können wir dieses alte Wissen an unsere Kinder, an unsere Töchter und Söhne, weitergeben. Nehmen wir wieder unser altes Wächterinnenamt wahr, fangen wir an, das Netz der indianischen Spinnenfrau, das Netz der griechischen Arachne, der Spinnenfrau, die den Lebensfaden spinnt, ihn misst und abschneidet, zu spinnen.

# Literaturverzeichnis


Bartels, Hans-Peter: »Welche Leistung lohnt sich?«, in: Metall, das Monatsmagazin, Nr. 10, Oktober 2005

Bennholdt-Thomsen, Veronika: »Die Subsistenzperspektive. Wirtschaftsethik aus Frauensicht«, in: KursKontakte, Ausg. 150, 2007, S. 22-24 De Meo, James: Saharasia, www.matriarchat.de

Drengson, Alan/Inoue, Yuichi (Ed.): The Deep Ecology Movement: An Introductory Anthology, Berkeley 1995

Echter, Dorothee: Lust auf Macht, München 1994

Esteva, Gustavo: »Mexiko. Unseren eigenen Weg gemeinsam mit den Graswurzelbewegungen finden«, in: Subsistenz und Widerstand. Alternativen zur Globalisierung, hg. von Werlhof, Claudia von/Bennholdt-Thomsen, Veronika/Faraclas, Nicholas, Wien 2003

GEO: Das Neue Bild der Erde, Republik der Mönche, Teil 2, August 2005

Gimbutas, Marija: The Language of the Goddess, London 2001

Gimbutas, Marija: The Living Goddesses, London 2001

Göttner-Abendroth, Heide: Die tanzende Göttin, Prinzipien einer matriarchalen Ästhetik, München 1988

Göttner-Abendroth, Heide: Die Göttin und ihr Heros, München 1990

Göttner-Abendroth, Heide: Das Matriarchat I: Geschichte seiner Erforschung, Stuttgart 1995

Göttner-Abendroth, Heide: »Architektur im Matriarchat«, in: www.matriarchat.net, 2002

Göttner-Abendroth, Heide: »Zur Definition von Matriarchat«, in: Matriarchate als herrschaftsfreie Gesellschaften, hg. von Göttner-Abendroth, Heide/Derungs, Kurt, Bern 1997

Göttner-Abendroth, Heide: »Matriarchate als herrschaftsfreie Gesellschaften«, in: Matriarchate als herrschaftsfreie Gesellschaften, hg. von Göttner-Abendroth, Heide/Derungs, Kurt, Bern 1997

Harman Chris: »Antikapitalismus – Theorie und Praxis«, Übersetzung aus dem Englischen vom Verein für Geschichte und Zeitgeschichte der Arbeiterbewegung e.V. Frankfurt am Main, in: www.linksruck.de/litera/ch (Originaltitel: »Anti.capitalism: theory and practice«, in: International Socialism 88, London 2000)

Holzer, Sepp: Der Agrar-Rebell, Graz 2002

Holzer, Sepp: Permakultur, Praktische Anwendung für Garten, Obst und Landwirtschaft, Graz 2004

Laotse: Tao Te King, Eine zeitgemäße Version für westliche Leser, München 2003

Leipert, Christian: Aufwertung der Erziehungsarbeit. Ein Vorschlag zur Schaffung eines Kinder- und Familienfonds, Wissenschaftszentrum Berlin für Sozialforschung, im Auftrag des Deutschen Arbeitskreises für Familienhilfe e.V., Kirchzarten 1996

Leipert, Christian/Opielka, Michael: Erziehungsgehalt 2000. Ein Weg zur Aufwertung der Erziehungsarbeit, Institut für Sozialökologie, Bonn 1998 (im Auftrag des Deutschen Arbeitskreises für Familienhilfe e.V. , Freiburg)

Lietaer, Bernhard: »Eine Welt, eine Währung und mehr Wert«, in: Wirtschaftsmagazin brand eins, Ausg. 7, 2001; auch unter: www.brandeins.com/magazin/archiv/2001/ausgabe_07/schwerpunkt/artikel9.html))

McLaughlin, Andrew: »For a Radical Ecocentrism«, in: The Deep Ecology Movement: An Introductory Anthology, Drengson, Alan/Inoue, Yuichi (Ed.), Berkeley 1995

Meier-Seethaler, Carola: Ursprünge und Befreiungen. Eine dissidente Kulturtheorie, Zürich 1988

Mies, Maria: Patriarchat und Kapital, Frauen in der internationalen Arbeitsteilung, Zürich 1996

Mies, Maria: »Über die Notwendigkeit Europa zu entkolonisieren«, in: Subsistenz und Widerstand. Alternativen zur Globalisierung, hg. von Werlhof, Claudia von/Bennholdt-Thomsen, Veronika/Faraclas, Nicholas, Wien 2003

Mies, Maria: Krieg ohne Grenzen: Die neue Kolonisierung der Welt, Köln 2005

Monbiot, George: United People, München 2003

Morgan, Marlo: Traumfänger, München 2000

Mulack, Christa: Religion ist zu wichtig, um sie den Männern zu überlassen. Die Göttin kehrt zurück, Stuttgart 1998

Mulack, Christa: Klara Hitler. Muttersein im Patriarchat, Rüsselsheim 2005

Naess, Arne: »Selbst-Verwirklichung: Ein ökologischer Zugang zum Sein in der Welt« in: Denken wie ein Berg. Ganzheitliche Ökologie: Die Konferenz des Lebens, hg. von Seed John/Macy, Joanna/Fleming, Pat/Naess, Arne, Freiburg im Breisgau 1989

Naess, Arne: »The Shallow and the Deep, Long-Range Ecology Movement«, in: The Deep Ecology Movement: An Introductory Anthology, Drengson, Alan/Inoue, Yuichi (Ed.), Berkeley 1995

Nagler-Springmann, in: Süddeutsche Zeitung, Nr. 240, 1997

Northrup, Christiane: Frauenkörper Frauenweisheit, München 1999

Pfeifer, Ulrich/Braun, Reiner: Lebensökonomie als (mögliches) Leitbild einer nachhaltigen Familienpolitik, Expertise im Auftrag des Bundesministeriums für Familie, Senioren, Frauen und Jugend, Projektnummer: 24174, Berlin 2005

Pillai-Vetschera, Traude: »Geschlechterrollen in indischen Stammeskulturen und ihr religiöser Stellenwert«, in: www.religion.orf.at

Reheis, Fritz: Entschleunigung, Abschied vom Turbokapitalismus, München 2003

Rifkin, Jeremy: Das Ende der Arbeit und ihre Zukunft, Frankfurt 1996

Rifkin, Jeremy: Das biotechnische Zeitalter, München 2000

Schaup Susanne: Sophia, Das Weibliche in Gott, München 1994

Schiller, Klaus: »Brief der Zwangsarbeiterin Celina Tomkiewicz nach Gnesen«, in: Junge Welt, Die Tageszeitung, Nr. 293 vom 16.12.2005

Schmidt-Bleek, Friedrich: »Dematerialisierung«, Interview, in: www.faktor-x.info/cms.phb

Seed, John: »In uns hineinhören, wie die Erde weint«, Einführung, in: Denken wie ein Berg. Ganzheitliche Ökologie: Die Konferenz des Lebens, hg. von Seed, John/Macy, Joanna/Fleming, Pat/Naess, Arne, Freiburg im Breisgau 1989

Shiva, Vandana: »Globalisierung und Armut«, in: Subsistenz und Widerstand. Alternativen zur Globalisierung, hg. von Werlhof, Claudia von/Bennholdt-Thomsen, Veronika/Faraclas, Nicholas, Wien 2003

Sigrist Christian: »Segmentäre Gesellschaften«, in: Matriarchate als Herrschaftsfreie Gesellschaften, hg. von Göttner-Abendroth, Heide/Derungs, Kurt, Bern 1997

Silko, Leslie Marmon: Gestohlenes Land wird ihre Herzen fressen, München 1981

Schulz, Regine/Seidel, Matthias: Ägypten – Die Welt der Pharaonen, Köln 1997

Turner, E. Terisa/Brownhill, S. Leigh: »›Frauen haben niemals kapituliert‹: Die Mau-Mau und die Globalisierung von unten, Kenia 1980-2000«, in: Subsistenz und Widerstand. Alternativen zur Globalisierung, hg. von Werlhof, Claudia von/Bennhodt-Thomsen, Veronika/Faraclas, Nicholas, Wien 2003

Trimondi, Victor und Victoria: Der Schatten des Dalai Lama, Sexualität, Magie und Politik im tibetischen Buddhismus, Düsseldorf 1999

Universität Salzburg: »Instrumente der ökonomischen Globalisierung zwischen Theorie und Praxis«, in: www.sbg.ac.at/gesc/globeralismus/po12.htm

Universität Salzburg: »Die Politik der neoliberalen Transformation: Globalisierung und Neoliberalismus«, in: www.sbg.ac.at/gesc/globeralismus/pol1.htm

Textor, Martin: »Von anspruchsloser Hausfrau zu karrierebewusster ›Supermutter‹. Wie sich die Mutterrolle in den letzen 70 Jahren wandelte«, in: www.vitawo.de (Familienportal)

Wahl, P/Waldow, P: Devisenumsatzsteuer. Ein Konzept mit Zukunft, Bonn 2001

Walker, Barbara: Das Geheime Wissen der Frauen, ein Lexikon, München 1995

Walker, Barbara: Die geheimen Symbole der Frauen, Lexikon der weiblichen Spiritualität, München 1997

Walker, Barbara: Die spirituellen Rituale der Frauen, Zeremonien und Meditationen für eine neue Weiblichkeit, München 1998

Weiler, Gerda: Das Matriarchat im Alten Israel, Stuttgart 1989

Werlhof, Claudia von/Bennholdt-Thomsen, Veronika/Faraclas, Nicholas (Hg.): Subsistenz und Widerstand. Alternativen zur Globalisierung, Wien 2003

Wolf, Doris: Was war vor den Pharaonen? Die Entdeckung der Urmütter Ägyptens, Zürich 1994

www.foodwatch.de
www.Iran-Now.net
www.hope-international.org
www.frauennews.de/themen/weltweit/indien.htm
www.sbg.ac.at (Zahlen)
www.igc.apc.org/globalpolicy (Zahlen)
www.anhalt.net
www.w-akten.de/kriegundfrieden.phtml

# Dr. Kirsten Armbruster

geb. 1956, aufgewachsen in Ägypten, Studium der Agrarwissenschaften, Promotion in Physiologischer Chemie, Mutter von vier Kindern, war mehrere Jahre im Vertrieb von mikrobiologischen Produkten und Chemischer Analytik tätig, gründete 1996 Courage Consulting & Publishing und arbeitet seitdem als selbstständige Trainerin sowohl im interkulturellen als auch im Persönlichkeitsentwicklungsbereich der Erwachsenen- und betrieblichen Weiterbildung.

Durch ihre tiefen Einblicke in die berufliche »Männerwelt«, ihre Erfahrungen der Missachtung der mütterlichen Leistung, ihre intensive Auseinandersetzung mit spirituellen und ökologischen Themen, ihre Einsichten in andere Kulturen und die Inspiration durch die Matriarchatsforschung entwickelte sie das globale Modell der matrivivialen Gesellschaft als Grundlage für ein Gutes Leben für alle. Seit einigen Jahren lebt sie in Bayern in einem ökologischen/künstlerisch-politischen/spirituellen Haus, umgeben von einem Permakulturgarten. Dort versucht sie zusammen mit ihrem Mann und ihren Kindern, das ganzheitliche Modell eines matrivivialen Lebens Wirklichkeit werden zu lassen.

## Weitere Titel aus dem Christel Göttert Verlag

**Was Philosophinnen über die Göttin denken** von Heide Göttner-Abendroth, Marit Rullmann, Annegret Stopczyk, ISBN 978-939623-00-7 (ab Herbst 2007)

**Als alle Menschen Schwestern waren** von Irene Fleiss
Bd. 1: *Leben in matriarchalen Gesellschaften*, ISBN 978-3-922499-84-8
Bd. 2: *Weiblichkeit in matriarchalen Gesellschaften – gestern und heute*
ISBN 978-3-922499-88-6

**Der weibliche Faden** – *Geschichte weitergereicht*
von Birgitta M. Schulte, ISBN 978-922499-23-7

**Mit Mut und Phantasie.** *Frauen suchen ihre verlorene Geschichte*
hg. von Helga Mirus und Erika Wisselinck, ISBN 978-3-922499-37-6

**Menstruation** – *von der Ohnmacht zur Macht*
von Dagmar Margotsdotter-Fricke, ISBN 978-3-922499-76-3

**Klara Hitler** – *Muttersein im Patriarchat*
von Christa Mulack, ISBN 978-3-922499-80-0

**Käthe, meine Mutter** von Marianne Krüll, ISBN 978-3-922499-78-7

**Die symbolische Ordnung der Mutter** von Luisa Muraro
Neuauflage, aus dem Italienischen von Gesa Schröder
ISBN 978-3-922499-79-4

**Das Patriarchat ist zu Ende.** *Es ist passiert – nicht aus Zufall*
Libreria delle donne di Milano, aus dem Italienischen von Traudel Sattler, ISBN 978-3-922499-28-2

**Frauen denken anders.** *Zur feministischen Diskussion*
von Erika Wisselinck, ISBN 978-3-922499-24-4

**Der Atem von Frauen.** *Luce Irigaray präsentiert weibliche Credos*
aus dem Franz. von Angelika Dickmann, ISBN 978-3-922499-30-5

**Sophias Weisheiten,** hg. von Marit Rullmann, ISBN 978-3-922499-74-9

**Frauen vor Bilder – FrauenVorbilder.** *Die weibliche Suche nach Orientierung* von Andrea Günter, ISBN 978-3-922499-65-7

**selbstbestimmt und solidarisch.** *Frauen und das Alter* von Hanna Habermann u.a., ISBN 978-3-922499-81-73

**Vätern einen Platz geben –** *Aufgabe für Frauen und Männer* von Andrea Günter, ISBN 978-3-939623-01-4 (ab Herbst 2007)

**Liebe zur Freiheit, Hunger nach Sinn.** *Flugschrift über Weiberwirtschaft und den Anfang der Politik* von Ulrike Wagener, Dorothee Markert, Antje Schrupp und Andrea Günter, ISBN 978-3-922499-36-7

**Nicht Mangel, sondern Fülle.** *Arbeiten neu denken* von Dorothee Markert, ISBN 978-3-922499-68-8

**Zukunft der Frauenbewegung** von Antje Schrupp ISBN 978-3-922499-75-6

**zwischen den welten.** *Orte der ›Hexen‹-Verfolgung als Bildhauerin neu sehen* von Eva-Gesine Wegner, ISBN 978-3-922499-63-5

**die geschichte der frauen – la storia della donne.** *Eine Parabel in Bildern* von Dietlind Kinzelmann, ISBN 978-3-922499-72-4

**Drachinnengesänge** von Saheta S. Weik, ISBN 978-3-922499-38-1

**Mit der Drachin reisen** von Saheta S. Weik, ISBN 978-3-922499-55-8

**Lied der Selkies** von Cathie Dunsford, aus dem neuseel. Englisch von Karin Meißenburg, ISBN 978-3-922499-71-8

Im Internet erfahren Sie mehr über unser Verlagsprogramm und die Autorinnen. Wir senden Ihnen aber auch gern unseren Gesamtkatalog zu.
Für Lesungen/Veranstaltungen vermitteln wir auf Nachfrage die Kontakte zu den Autorinnen.

Verlagsadresse: Virchowstraße 21, D-65428 Rüsselsheim, Tel./Fax: 06142/59844
E-Mail: info@christel-goettert-verlag.de, Internet: www.christel-goettert-verlag.de